VOM HASS ZUR LIEBE

VERFASST VON PAUL VERAGUTH

Zum Buch

Während sechs Treffen erfolgten die Interviews mit Ibrahim in Israel. Diese wurden simultan ins Deutsche übersetzt und aufgezeichnet. Dann folgte das Ghostwriting durch Paul Veraguth, der das Buchmanuskript verfasste. Dieses wurde vom Übersetzer und von Ibrahim eingesehen und korrigiert. Den Schluss bildete das Lektorieren durch Max Zürcher. Zum Schutz der erwähnten Personen werden andere Namen zur Verschleierung ihrer Identität verwendet.

Ibrahim liegt es sehr am Herzen allen Mitwirkenden zu danken. Er wünscht sich, dass sein Lebenszeugnis in Arabisch herausgebracht wird.

Anmerkung des Verlags

Spenden an den echad Verlag mit dem Vermerk „Ibrahim" werden für die Übersetzung ins Arabische und ins Hebräische verwendet.

© 2018 echad – Verlag GmbH, Heitern 93, CH 3125 Toffen
Tel. +41 (0)31 819 49 35
www.echad.ch
info@echad.ch

1. Auflage: Oktober 2018
ISBN 978-3-905518-22-1
Verfasser: Paul Veraguth, Wattenwil
Lektorat: Max Zürcher, Köniz
Umschlag und Satz: FirstMedia Schweiz AG, www.firstmedia.swiss
Titelbild: Adobe Stock
Druck: CPI books GmbH, Leck, www.cpibooks.de

Die Bibelzitate sind eigens vom Autor übersetzt
oder folgen Elberfelder 2008 bzw. Luther 1984.

Alle Rechte, auch die des auszugsweisen Nachdrucks, der fotografischen oder elektronischen Erfassung sowie der Übersetzung bleiben vorbehalten.

Inhalt

Vorwort   *7*

Teil I   **Meine Geschichte**
Vom ungeliebten Kind zum Strassenjungen   9
Ich begegne der Wahrheit   21
Ein Bein im Himmel, eins in der Hölle   29
Kämpfer an einer neuen Front   35
Meine Frau Maryam   41
Ich tue endlich Buße   49
Bekanntschaft mit dem Heiligen Geist   55
Mein Familienleben: Araber unter Arabern   59
Maryams letzte Tage   67

Teil II   **Versöhnte Gemeinde**
Die Gemeinde wird meine Berufung   73
Unterwegs mit der großen Vision   83
Meine Liebe zu den Glaubensgeschwistern   95

Teil III   **Die Muslime und der Islam**
Meine muslimischen Brüder   103
Eine Münze mit zwei Seiten   109

Nachwort   *113*

Vorwort

Anfang der Siebzigerjahre sind wir Ibrahim zum ersten Mal begegnet. Damals lebten wir in einem arabischen Dorf, das bei den Arabern Al-Eizariya heißt. Es ist eigentlich derselbe Ort, von dem wir im Neuen Testament im Kapitel 11 des Johannesevangeliums lesen, dort heißt der Ort Bethanien. Wir lernten damals einen jungen Mann kennen, einen Araber, der gerade zum Glauben an Jesus gekommen war. Er hatte jetzt erkannt, dass der Islam eine falsche Religion und dass wahrhaftig Jesus der Erlöser und der Messias sei. Seine ganze Sicht, wie der Islam das jüdische Volk sieht, war völlig verändert und er begann die Juden mit ganz anderen Augen zu sehen. Am Anfang seines Weges blieb noch viel vom islamischen «heißen Blut» in ihm zurück. Wir haben aber erlebt, wie über die Jahre, Schritt für Schritt, der Heilige Geist ganz tief in ihm gewirkt hat, um ihn von allem zu befreien und zu reinigen, was mit dem Islam verbunden war. Er hat einen gewaltigen Übergang gemacht von Ismael zu Isaak – das will heißen, dass Jesus ihn zu einem völlig neuen Menschen gemacht hat. Sein Leben ist ein gewaltiges Zeugnis und Beispiel dafür, was Verwandlung bedeutet. Sein Leben bezeugt auch, was geschieht, wenn Gott einen Menschen fest in seiner Hand hält. Der Mensch wird in seinem ganzen Wesen erneuert, ganz besonders in seinem Denken und in seinem Herzen. Er wird verwandelt und kommt wieder dahin, wie Gott sich ihn gedacht hat ganz am Anfang, als er den Menschen in seinem Bilde schuf. Ibrahim ist wirklich eine neue Schöpfung in Christus Jesus, und er ist ein wahrer und treuer Jünger Jesu und unser treuer Freund und geistlicher Sohn.

Boaz Ben Chilkiah

Teil I Meine Geschichte
Vom ungeliebten Kind zum Strassenjungen

Geboren zwischen großen Schicksalsschlägen
Mein Vater lebte mit seiner Familie in der Umgebung von Bethlehem. In den Jahren vor Israels Staatsgründung arbeiteten praktisch alle Araber in der Landwirtschaft; die schwere Saisonarbeit garantierte ihnen zumindest das Überleben in einfachsten Verhältnissen. Die Armut zwang sie zu einer Art von Tauschwirtschaft. Für Eier gab es zum Beispiel Korn. Meinem Vater war es unter solchen Umständen natürlich nicht möglich, eine solide Ausbildung zu erhalten. Selbst die Schule hatte er nur für vier oder fünf Jahre besucht, mit ein paar wenigen anderen aus dem Dorf. Dieser Unterricht reichte gerade, um lesen und schreiben zu lernen.

Die erste Frau gebar meinem Vater drei Töchter. Meine Halbschwestern waren zwischen neun und vierzehn Jahren alt, als das Schicksal zuschlug: Ihre Mutter starb in der Blüte ihres Lebens. In den kommenden Monaten und Jahren hätten ihre Kinder sie besonders gebraucht. Denn es war genau die Zeit von 1947/48, als der Unabhängigkeitskrieg ausbrach.

Die Araber verloren diesen Krieg. Als Folge davon musste auch meine Familie den Ort verlassen. Die Juden montierten auf Autos Lautsprecher und fuhren damit in die Dörfer. Durch Mark und Bein ging den Einwohnern der laute Befehl auf Arabisch, die Häuser zu räumen und abzuziehen. Die Dörfer, so die Drohung, würden später von Flugzeugen aus bombardiert. Alle unsere Familien verließen Hebron und Bethlehem. Für viele Tausende richtete die UNO zwischen den beiden Städten fünf Flüchtlingslager ein. Dort lebten wir nun in Zelten, da wir sonst nirgendwohin gehen konnten.

Meine älteste Halbschwester war gerade vierzehn Jahre alt. Das hieß:

Die Zeit war für sie gekommen, verheiratet zu werden. Nach muslimischem Recht gibt es eine einfache Regel, die auf einen Tausch hinausläuft: Ein Vater gibt seine Tochter einem andern und erhält dafür dessen Tochter. Mein Vater gab seine Tochter dem Bruder seiner neuen Frau zur Braut. Heute ist dies nicht mehr überall der Brauch, aber damals war dieser Tauschhandel bei uns gang und gäbe: Die beteiligten Väter mussten beide einen Bräutigam bestimmen. Nach islamischem Recht genügte es für einen Vater übrigens, jemanden zweimal zu sehen, um ihm dann seine Tochter zur Frau zu geben. Die bittere Armut hat diese Regelung hervorgebracht, auf dem religiösen Hintergrund des Islam und dessen Auffassung von der Ehe. Heute betonen manche Muslime, dieser Tauschhandel mit Töchtern stamme gar nicht aus dem ursprünglichen Islam, sondern aus einer späteren Tradition.

In unserer Gegend war es ein Scheich, der auf diese Weise seine eigene Tochter verheiratete. Nach demselben Muster arrangierte er dann für viele Familien die Ehen. Dieser Scheich lebte natürlich standesgemäß nicht in einem der Lager, sondern in Bethlehem. Er legte den Tausch zwischen den Familien fest. Die Mädchen hatten nichts zu ihrer Verheiratung zu sagen. Der Scheich bestimmte, wer zu wem gehörte. Heute kommen solche Geschichten nur noch gelegentlich vor. Die Mädchen können beim Thema ihrer künftigen Ehe mitreden. Doch mein Vater stand damals unter enormem Druck: Ohne über genügend Geldmittel zu verfügen, sah er sich in Anbetracht der drei minderjährigen Töchter gezwungen, wieder zu heiraten. Seine zweite Frau wurde meine Mutter. Für den Vater ergab sich aber noch eine zweite große Veränderung: Die UNO bot ihm glücklicherweise eine Arbeitsstelle an. Von nun an war er für die Sauberkeit in unserem Lager verantwortlich. Wie alle anderen lebten wir in einem einfachen Zelt.

Eine Mutter für drei Monate
Meine Mutter war vierzehn Jahre jung, als sie verheiratet wurde; eigentlich war sie noch ein Mädchen. Die Ehe dauerte nur wenige

Monate. Doch nicht etwa der Altersunterschied war für das Scheitern der Ehe ausschlaggebend, wie man meinen könnte. Die Ehe wurde aufgelöst, weil Streit zwischen den beiden verwandten Familien ausbrach. Mein Vater hatte ja seine älteste Tochter aus erster Ehe für meine Mutter in zweiter Ehe ausgetauscht. Er gab seine Tochter wie erwähnt seinem neuen Schwager zur Frau. Doch die Ehe des Schwagers wurde geschieden. Die Eltern meiner Mutter gaben dafür meiner Halbschwester die Schuld und wollten mit der Sippe meines Vaters nichts mehr zu tun haben. Deshalb verlangten sie, dass sich im Gegenzug meine Mutter von meinem Vater scheiden ließ. Das tönt alles ein bisschen kompliziert, weil die zwei Familien auf beide Seiten herum verschwägert waren; aber so war es eben in unserer Kultur.

Die Lage wurde aber noch komplizierter, denn ... meine Mutter war bereits mit mir schwanger. Irgendeinmal stellten die Eltern meiner Mutter diese Schwangerschaft fest. Eine geschiedene schwangere Tochter – das war nicht eine ehrenvolle Sache für die Verwandten meiner Mutter. Dazu kam, dass sie die Familie meines Vaters verpönten und ein Kind von ihm keineswegs wünschten. Unsere Armut brachte zusätzlich große Herausforderungen, denn wie hätten wir Alimente zahlen können? Darum wollten sie dieses Kind, mich also, frühzeitig aus der Welt schaffen – noch bevor es Probleme gab. Dazu boten sich verschiedene unauffällige Methoden an: Die werdende Mutter musste zum Beispiel so oft als möglich auf einen Tisch steigen und von dort herunterspringen. Oder man ließ sie Säcke von 50 bis 60 Kilo auf dem Rücken umhertragen. Solches tat sie denn auch, jedoch führte es alles nicht zum gewünschten Ziel.

Schließlich brachten sie ihre Tochter zu einem Arzt; der sollte die Abtreibung vornehmen. Doch er sagte ihnen, dies sei nicht erlaubt. Allerdings ließ er sich erweichen und gab der Schwangeren Medikamente zur Tötung des Ungeborenen. Von alledem hatte mein Vater anfänglich nichts gewusst. Aber jetzt fand auch er heraus, dass meine Mutter, seine Ex-Frau also, guter Hoffnung war. Ganz im Gegensatz zu seinen früheren Schwiegereltern entschied er sich für dieses Kind. Nach vielem Hin und Her kam ich schließlich mit Namen Ibrahim gesund zur Welt. Ich durfte nur drei Monate bei meiner Mutter bleiben. Anschließend kam ich zu den Eltern meines Vaters. Die oben erwähnte Halbschwester, welche die Scheidung von meinem Onkel hinter sich hatte, half ihnen, auf mich aufzupassen. Ich weiß, das ist alles recht verworren und verwirrend.

Der Stiefmutter ausgeliefert
Unsere Wohnsituation verbesserte sich bald: Zwei bis drei Jahre nach der Vertreibung aus unseren angestammten Dörfern baute die UNO für uns Mehrfamilienhäuser. Es handelte sich um einfache, um nicht zu sagen: primitive Blockbauten. Jede Familie bekam in einem solchen Haus einen Raum von vier auf vier Metern. So wuchs ich mit dem Vater und zwei meiner Halbschwestern auf. Denn die dritte Halbschwester wurde ausgetauscht. Ein Elternpaar nahm sie zu sich, um sie umgehend zu verheiraten. Im Gegenzug erhielt mein Vater die Tochter der Schwiegereltern meiner Halbschwester, um sie innerhalb unserer eigenen Sippe zu verheiraten. Obwohl mein Vater nicht mehr so viel Verantwortung für seine Töchter zu tragen hatte, heiratete er ein drittes Mal. Denn ich sollte ja eine Mutter haben. Seine finanzielle Situation blieb stabil. Er durfte bei der UNO weiterarbeiten, bis er mit 75 Jahren starb. Das ist jetzt über zwanzig Jahre her. Das gesicherte Einkommen war bitter nötig, denn seiner dritten Ehe entsprangen fünf Kinder, meine drei Halbbrüder und zwei weitere Halbschwestern. Trotz dieses anfänglichen Wirrwarrs und Streits unserer verschiedenen Familien habe ich heute zur ganzen Verwandtschaft eine intakte Beziehung; mit allen kann ich gut sprechen – und ich tue es auch.

Ich wuchs also bei der dritten Frau meines Vaters auf. Ein Dutzend Jahre lebten wir in den engen Verhältnissen der UNO-Einzimmerwohnung. Zu meiner Stiefmutter hatte ich keine Beziehung. Sie wollte sich nicht auf mich einlassen. Ich konnte ihre ablehnende Haltung mir gegenüber nicht einordnen. Eines Tages tauchte der Bruder meines Vaters auf und sagte, meine leibliche Mutter möchte ihren Sohn noch einmal sehen. Sofort gab es Streit. Mein Vater war strikt gegen einen solchen Kontakt, weil er sich im Streit von meiner Mutter getrennt hatte. Schließlich gab er aber nach, und mit meinem Onkel fuhr ich in das Dorf zwischen Bethlehem und Hebron, wo meine Mutter lebte.

Als ich ihr Haus betrat, hörte ich jemand fragen: «Ist das Ibrahim?» Meine Mutter kam auf mich zu, küsste mich und weinte. Ich schämte mich, denn ich kannte sie nicht. Ich war nun elf Jahre alt und hatte sie, seitdem ich zu den Großeltern gekommen war, nicht mehr gesehen. Trotz der anfänglichen Hemmungen blieb ich zwei bis drei Tage bei ihr und ihrer Familie. Sie fing an, mir die ganze Geschichte zu erzählen. Die Scheidung, ihre Wiederverheiratung, wie sie dann Kinder bekam und zu guter Letzt wieder verlassen wurde. Langsam begann ich zu verstehen, dass diese Frau meine wahre Mutter war und dass meine Eltern sich hatten scheiden lassen, bevor ich überhaupt geboren war. Ich begriff jetzt auch, weshalb meine Stiefmutter mich missachtete und mich auch nicht schützte, wenn mein Vater mich schlug: Ich war für sie ein Fremder. Aber es sollte noch schlimmer kommen.

Einer meiner Halbbrüder von Mutters Seite hieß Chaled. Er wollte mir stets ein bisschen nacheifern. Der Vater sagte zu mir: «Geh die und die Lebensmittel einkaufen.» Ich ging auf die Straße hinaus und in Richtung des Geschäfts. Der kleine Chaled lief mir unerlaubterweise nach. Er bemerkte das Auto nicht, das um die Ecke kam. Einen Moment später lebte er nicht mehr. Von da an sagte die Stiefmutter jeden Tag: «Gott, nimm Ibrahim, wie du mir meinen Sohn genommen hast.» Das war wie ein Fluch, und ich konnte ihn kaum mehr ertragen; deshalb lief ich oft für mehrere Tage von zuhause weg.

Ich hasse die Juden
Ablehnung und Hass lernte ich von Anfang an kennen. Und ich wurde auch gelehrt, zu hassen. Ich lernte Menschen zu hassen, bevor ich auch nur einen einzigen von ihnen gesehen hatte: die Juden. Ich erinnere mich, wie mein Vater sagte: «Wenn du zu spät nach Hause kommst, kommt ein Jude vom Berg herab, der dich auffrisst.» Ich stellte mir diesen unbekannten Juden wie ein Tier vor, ein Tier mit einem Schwanz, das Menschen frisst. So entwickelte ich in meiner frühen Schulzeit einen Hass gegen die Juden. In diese Zeit fiel auch der Sechstagekrieg von 1967. Die Juden eroberten Hebron, die Westbank und Jerusalem. Noch einmal mussten wir fliehen, diesmal in ein anderes Land, nämlich nach Jordanien. Die Bevölkerung war aber um einiges erfahrener geworden: Nur noch diejenigen flüchteten, die vor den Juden Angst hatten. Andere hatten längst begriffen, dass man mit den Juden auch zusammenleben kann. Mein Vater war einer von jenen, die sich vor ihnen fürchteten, und so kam ich nach Jordanien. Wieder lebten wir in Zelten, diesmal in einem Gebiet außerhalb von Amman, wo es nur Sand gab. Es war trostlos. Doch mein Vater hatte Glück: Weil er schon vorher für die UNO gearbeitet hatte, bestellte sie ihn nach einiger Zeit zurück nach Bethlehem. Es klappte, und so lebten wir wieder im alten Haus, wie vor der Flucht. Nach diesen Erlebnissen beherrschte mich nur noch ein Gedanke: «Eines Tages werden wir Araber die Juden kaputtmachen. Wir werden alle in unsere alten Gebiete zurückkehren.» Ich erinnere mich an eine Begebenheit aus der Zeit in Jordanien. Wir saßen am Jordanufer, als ich drüben plötzlich eine Gruppe israelischer Soldaten sah. Zum ersten Mal. Mit einem Schlag wurde mir klar: Juden sind normale Menschen. Sie haben eine gute Ausbildung. Ich erkannte an ihrem Benehmen und ihrer Kleidung, dass sie mehr Ausbildung hatten als wir. Dass jemand gut lebt, kann man an seinem Gesicht erkennen. Juden sind wirkliche Menschen! Sie sind ausgebildet! Ganz im Gegensatz zu mir, der ich keine Ausbildung bekommen habe. Mein Hass auf die Juden wurde dadurch nicht abgeschwächt; er hatte nur einen neuen, einen zusätzlichen Grund: Ich hasste sie

nun, weil sie uns die Heimat weggenommen hatten, und weil sie das hatten, was uns fehlte: eine Ausbildung und ein besseres Leben.

Üble Erinnerungen an die Schulzeit

Als ich dreizehn war, begann die erste Intifada gegen die Juden. Auch ich habe damals Steine geschmissen. Im Grunde wusste ich nichts darüber, sondern machte einfach mit wie alle andern. Ich ging zwar seit vier Jahren zur Schule, konnte aber meinen Namen nicht schreiben. Ich selbst war ein Problemhaufen, und auch andern habe ich nur Probleme gemacht. Die Schule freute sich, dass ich sie nach den vier obligatorischen Jahren verließ. Ich machte Schwierigkeiten, denn ich war nie ein interessierter Schüler gewesen, und den Eltern war dies auch egal. Ich ging überhaupt nicht gerne zur Schule und zog es öfter vor, zum Suk zu laufen, dem arabischen Markt in Jerusalem. Hier bot sich mir eine besondere Gelegenheit: Ich konnte Menschen, die viel eingekauft hatten, die Waren nach Hause tragen. Mein Vater unterstützte mich dabei; er gab mir einen Korb und befestigte ihn mit einer Schnur auf meinem Rücken. So ausgerüstet, ging ich zum Suk wartete als Träger, um etwas Kleingeld zu verdienen. Auf diesem Markt fühlte ich mich immer mehr zuhause.

Eines Tages, als ich nur wenig Arbeit gefunden hatte und entsprechend wenig Geld nach Hause brachte, schlug mich mein Vater. Er schnitt sich dafür einen Stock vom Baum. Überhaupt wurde ich oft geschlagen, wusste aber meist nicht weshalb. Denn ich war noch ein Kind ohne viele Gedanken. Zu allem hinzu kam, dass die Stiefmutter mir zum hundertsten Mal den Tod wünschte. Auch hier verstand ich nicht weshalb. Heute vergebe ich ihr, weil ich gläubig bin. Die Schwierigkeiten zuhause hatten also massiv zugenommen. Das war genau die Situation, in der ich begann, Zigaretten zu rauchen. Und ich begriff auch: Wenn ich wenig Geld verdient habe, ist es für mich besser, für einen oder zwei Tage gar nicht erst heimzukehren; es erwarten mich doch nur Schläge. So war ich gezwungen, vermehrt draußen zu schlafen, zum Beispiel auf einem Dach.

Ich laufe von zuhause weg
Ich wollte von meinem sauer verdienten Geld auch etwas haben. Es gab ja viele schöne Sachen auf dem Suk; davon wollte ich mir mit dem kleinen Lohn etwas kaufen. So begann ich, meinen Vater anzulügen. Ich sagte zu ihm: «Ich arbeite jetzt in einem Geschäft und bekomme erst am Ende des Monats Geld.» In Wirklichkeit war ich im Suk und behielt alles Geld für mich. Am Monatsende wartete der Vater noch zwei oder drei Tage, dann ging ihm die Geduld aus. Er wollte gleich selbst in diesem Geschäft nach dem Lohn seines Sohnes nachfragen. Ich musste natürlich mitkommen. Ich hatte mir ein Geschäft in Bethlehem ausgesucht, das immer geschlossen war, und brachte meinen Vater dahin. Vor der verschlossenen Tür sagte ich ihm beschwichtigend, vielleicht sei der Mann krank. Aber mein Vater begann mir zu misstrauen und fragte einen Nachbarn. Der meinte, das Geschäft sei schon lange geschlossen. Das war nun gar nicht vorteilhaft für mich: Während des ganzen Heimwegs wurde ich geschlagen.

Jetzt hatte ich genug! Ich traf bei mir selbst eine einfache und folgenreiche Entscheidung: «Ich gehe von zuhause weg!» Dabei war ich noch ein unerfahrener Junge, ein Kind, und wusste nicht, was ich draußen in der Welt tun sollte. Die erste Nacht schlief ich auf dem Flachdach des Hauses, es war eine kalte Nacht. Am Morgen machte ich mich auf den Weg. Es gab in der Nähe eine christliche Familie. Vor ihrem Haus stand ein Jeep. Ich brach die Türe auf, schlüpfte unbemerkt hinein und blieb dort bis am nächsten Morgen. Ich bemerkte allerlei Werkzeug für sanitäre Installationen und stahl, soviel ich konnte. Anschließend musste ich nur noch warten, bis die Geschäfte öffneten; ich beabsichtigte, das ganze Diebesgut zu verkaufen. Gleich zur Ladenöffnungszeit fragte ich den Besitzer einer Eisenwarenhandlung: «Wollen Sie mir diese Sachen abkaufen?» – «Ja komm doch rein.» Er zeigte sich überrascht über mein Sortiment. «Kann ich dir einen Kaffee machen? Es ist noch früh ...» Er ging aber nicht zur Kaffeemaschine, sondern zum Telefon, und rief bei der Polizei an. Und bald schon stand ein Polizist vor mir: «Nicht genug, dass du gestohlen hast. Der Käufer sagte, das seien sogar seine Werkzeuge!» Das war natürlich großes Pech für mich. Der Polizist brachte mich ins Gefängnis, und von da aus wurde ich vor Gericht geführt. Mein Vater musste auch erscheinen. Der Richter sagte zum Vater: «Es tut mir leid wegen Ihres Sohns. Ich will ihm nicht Schwierigkeiten machen. Sie müssen unterschreiben, dass er keine solchen Sachen mehr anstellt. Sonst gibt es große Probleme.» Mein Vater meinte unwirsch: «Tut, was ihr wollt, ich will nichts mit ihm zu tun haben.»

Flucht aus dem Jugendgefängnis
Die Folgen meines Abenteuers waren schlimm: man steckte mich in eine Sonderschule für Unmündige; es war eine geschlossene Anstalt. Nur wenige Monate hielt ich es dort aus. Unter den Schulkameraden gab es drei ähnlich unglückliche Burschen, mit vergleichbarem Hintergrund. Wir steckten öfter die Köpfe zusammen. Sie erzählten von ihren Fluchtplänen nach Jordanien. Das war nicht ganz unrealistisch, denn sie wussten, wo und wie man über die Brücke gehen kann. Sie kamen aus Dschenin. Einer von ihnen kannte sogar einen Ortskundigen, bei dem wir die Nacht würden verbringen können. Am nächsten Morgen ging es früh los: Ein halbtägiger Marsch brachte uns an die Grenze zu Jordanien. Wir konnten schon den Grenzzaun sehen, den wir schon bald hinter uns bringen würden. Gebannt betrachteten wir diesen ersten Zaun und dahinter die kontrollierte Militärzone. Für meine vierzehneinhalb Jahre war es schon ein unheimliches Abenteuer, das gleich beginnen sollte.

Die Landarbeiter dachten, wir seien Terroristen, flohen und brachten sich in Sicherheit. Wir stiegen zum Jordan hinab. Plötzlich gab es eine Explosion; es muss eine Mine gewesen sein. Jedenfalls war einer meiner Fluchtgefährten am Bein verletzt. Der Fuß schwoll rasch an, und die andern beiden sagten: «Komm, wir lassen ihn hier, wir gehen.» Ich entgegnete: «Nein, ich lasse ihn nicht im Stich, ich bleibe bei ihm, aber helft mir, ihn über diesen Zaun zu bringen.» Das taten sie denn auch. Alle kamen wir zu einem Ort, wo es große Gurkenfelder gab. Der Verletzte saß und wartete im Dunkeln, denn die Nacht war hereingebrochen. Derweil fand ich einen Esel und setzte ihn mit Mühe auf dessen Rücken. Ich hielt ihn fest, damit er nicht herunterfiel, denn er war schon ziemlich schwach. Ich dachte mir, es sei das Beste, ihn in ein Spital zu bringen, und ich fand bald eine asphaltierte Straße. Ich half ihm vom Esel herunter und stellte ihn mitten auf die Fahrbahn. Einige Autos tauchten aus der Dunkelheit auf. Es stellte sich heraus, dass es Armeefahrzeuge waren. Ich sagte zu meinem Freund: «Komm, ich verstecke dich vor der Armee.» Er aber meinte: «Nein, lieber sterbe ich hier, sie sollen mich dann finden, es ist mir egal.» Ich stellte ihn mitten auf die Straße. Wieder fuhr ein Auto heran; wir machten Signale. Etwa fünfzig Meter vor uns hielt der Wagen an. Soldaten mit Gewehren stiegen aus und kamen auf uns zu. Ich verstand natürlich kein Hebräisch. Sie sahen sofort das verletzte Bein und brachten uns an einen Ort, den wir zuerst für ein Dorf hielten. Doch dies war kein Dorf, sondern eine Armeebasis in der Grenzzone.

Jetzt gab es natürlich ein Verhör. Sie stellten Fragen wie: «Seid ihr Terroristen?» – «Nein, das sind wir nicht, wir wollen Arbeit in Jordanien finden, in einem Hotel.» Bis tief in die Nacht verhörten sie uns. Ich sagte nur immer wieder: «Wir wollen nur nach Jordanien!» Schließlich brachten sie den Freund ins Spital. Ich kam in den «Genuss» eines Helikopterfluges. Zu dritt saßen wir hinten im Heli. Nie in meinem Leben habe ich mehr Angst gehabt als auf diesem Flug. Dauernd dachte ich, gleich stürzen wir ab. Sie gaben uns zu verstehen, dass wir in Richtung Grenze gingen. «Ihr werdet uns nun zeigen, wo ihr hinüber wolltet.» Wir konnten ihnen die Stelle tatsächlich zeigen. Sie verglichen die Schuhabdrücke mit unseren Sohlen. So hatten sie den Beweis, dass wir nur Kinder waren. Vom Grenzzaun brachten sie uns zur Polizei in Dschenin. Ich kam in ein normales Gefängnis. Sie wollten meinen Vater kommen lassen, er sollte vor Gericht aussagen. Der Vater hatte in den Nachrichten von einer tatsächlichen Schießerei gehört. Es handelte sich um einen Angriff auf Juden in dieser Region. Er meinte verständlicherweise, ich wäre dort beteiligt gewesen und würde deswegen jetzt auch im Gefängnis festgehalten. Diesmal passte ihm die Vorstellung von einem Sohn, der sich querstellt. So konnte er vom Ruf profitieren, Vater eines Judenhassers zu sein. Um eine lange Sache kurz zu machen: Ich kam schließlich gegen Kaution frei. Nach einem kurzen Tag zuhause machte ich mich wieder aus dem Staub. Wohin? Klar doch, nach Jerusalem, wo es einfacher war, im Gewühl unterzutauchen.

Ich werde Straßenjunge in Jerusalem
Im Kindergefängnis hatte ich vierzehnjährige Freunde gefunden. Hinter Schloss und Riegel hatten wir uns kennengelernt – kaum freigelassen, verschworen wir uns zu einer Bande. Allerdings wussten wir noch nicht, mit welcher «Arbeit» wir uns über Wasser halten würden. Die Leitfrage war indessen einfach: Wie können wir am erfolgreichsten stehlen und betrügen? Wir beschlossen, nachts stehlen zu gehen. Wir schliefen in Treppenhäusern, Parks und unter den Torbogen beim Damaskus-Tor. In dieser Zeit gerieten wir in viele schlimme Dinge. Wir wurden beim Dealen erwischt. Wir erhielten Drogen, um sie an Süchtige zu verkaufen. In den Parks kamen Schwule, um uns als Minderjährige auszunützen. Wir erhielten Geld für Sex. In diesem Alter war es uns egal, für Geld machten wir alles und ließen alles mit uns machen. Ich war mit Verbrechern zusammen, und als Polizei kam, wurde ich für sie ein Spitzel. Wenn ein Polizist heute auf die damaligen Zeiten und Begegnungen zu sprechen kommt, sagt er: «Du bist unser Sohn, unser Kind.» So steckte ich in allem Möglichen, es war eine Mischung von Machenschaften und Bündnissen, die teilweise sehr widersprüchlich waren. Dabei konnte ich mich selbst zumindest aus Drogen und Alkohol heraushalten. Diese Dinge rührte ich nicht an; ich rauchte bloß Zigaretten.

Ein Jahr verging auf diese Weise, dann begann ich seriös auf dem Markt zu arbeiten. Nach der Arbeit ging ich in einen großen Stadtpark; hier schlief ich, bis ich wieder zur Arbeit musste. Daneben fand ich eine weitere Einnahmequelle: Ich begann um Geld Karten zu spielen. Wenn ich etwas Geld gespart hatte, konnte ich mir ein paar Übernachtungen in einem Hotel leisten. Wenn ich meine Reserven aufgebraucht hatte, musste ich in Gärten und Parks schlafen. Ein böser Freitagabend bleibt mir in steter Erinnerung: Mein leerer Geldbeutel verlangte, dass ich meinen Geschäften nachging. Doch weil ich wegen des angebrochenen Sabbates keine Arbeit fand, ging ich durch den Park und hoffte, ein paar Freunde anzutreffen. Plötzlich sah ich einen Juden und einen Araber auf derselben Bank sitzen. Sie fragten mich nach einer Zigarette, ich gab ihnen eine. In diesem Augenblick tauchte eine Polizeipatrouille auf. Sie vernahmen uns der Reihe nach ein. Der Jude sagte: «Ich wurde mit einem Messer bedroht.» Dies war eine völlige Lüge. Dafür kam ich ein halbes Jahr ins Gefängnis. Danach kehrte ich in mein altes Leben auf dem Markt und in den Parks zurück. Bis ich siebzehn Jahre alt war, blieb ich diesem Lebensstil treu. Ich begann, auf der Straße hebräisch zu lernen.

Ich begegne der Wahrheit

Jim pflanzt in mir ein Samenkorn
Einmal war ich im Park, und wie ich da auf einer Bank saß, kam ein jüngerer Jude vorbei: «Schalom. Kann ich mich zu dir setzen?» – «Ja, warum nicht.» Er blickte mich an, und ich sah ein gewinnendes Lachen auf seinem Gesicht. Er begann mit mir über Jesus zu sprechen. Ich antwortete: «Sag du mir lieber, womit ich Geld machen kann.» Er sagte: «Jesus schenkt dir Liebe und Frieden, dein Leben wird neu.» – «Genug davon! Ihr glaubt an ein Kreuz aus Holz, esst Schweinefleisch, glaubt an drei Götter und trinkt Alkohol!» Er sagte: «Nein, es ist nicht so.» Ich holte dann aus und begann über den Islam zu sprechen und wie gut er ist. Doch wenn ich zwischendurch in seine Augen sah, spürte ich: Er spricht von etwas, das wahr ist.

Mein schwieriges Leben bisher hatte mir zumindest einen Vorteil gebracht: Ich hatte ein Gefühl für Lüge und Wahrheit entwickelt. Wenn ich jemandem in die Augen blickte, konnte ich erkennen, wie er es meinte. All die Menschen, die bisher in meinem Leben aufgetaucht waren, wollten stets etwas von mir. Als Straßenjunge hatte ich begriffen: Jeder hat eigene Interessen. Dieses Gespür für die Motive der Leute hatte sich in mir im Lauf der Jahre entwickelt. Und jetzt sah ich meinen Banknachbarn an – nein, dieser Mensch sprach nicht aus einem Eigeninteresse! Das war der Grund, weshalb ich weiterhören wollte.

Er redete mit mir weiter über Jesus. Ich hielt ihm entgegen mit dem Wenigen, das ich über den Islam wusste. Es war wirklich wenig, denn ich war nicht praktizierender Muslim und hatte, wenn ich ehrlich war, überhaupt kein Interesse an Religion. Doch dies hielt mich nicht davon ab, zu reden, als sei ich ein überzeugter Anhänger des Propheten. Das tat ich, denn ich hatte eben ein verschlossenes, schwarzes Herz. Meine Freunde, wenn sie ihre Mutter zwei Nächte nicht gesehen hatten, sagten jeweils: «Ich muss unbedingt zu meiner Mutter, sie gibt mir etwas zu essen.» Ich hingegen lebte schon jahrelang ohne Mutter. Was Mutterliebe ist, wusste ich nicht. Und auch Vaterliebe war mir auf meinem Lebensweg nicht häufig begegnet. Aber es war mir im Verlauf meiner einsamen Jahre zumindest klar geworden, dass es etwas gab, was ich nicht hatte. Insofern hatte ich ein starkes Gefühl für alle diese Dinge entwickelt. Ich könnte es Sehnsucht nennen. Und genau so etwas empfand ich, als wir uns hier auf der Bank gegenübersaßen. Darum hörte ich diesem Juden gerne zu. Wir kamen unweigerlich zu einer der wichtigsten Geschichten: Vater Abraham und seine beiden Söhne. Abraham war bereit, seinen Sohn Isaak als Opfer für Gott hinzugeben. An dieser Stelle warf ich ein: «Nein, das ist eine Lüge, es war Ismael. Der Koran sagt, es ist Ismael gewesen, nicht Isaak.» Doch er erzählte unbeirrt weiter von Abraham.

Wer ist der richtige Sohn, Ismael oder Isaak?
Den Islam kannte ich von der Schule her. Ich hatte ein paar Grundsätze begriffen, aber nur oberflächlich. Ich verstand mich als Muslim; ich «glaubte daran», wie man so sagt. Mein Gegenüber hatte angefangen, von «unserem Vater Abraham» zu sprechen. Der war ohne Zweifel der Vater Isaaks und Ismaels, der Vater der Juden wie der Muslime. Aber das war in unserem Dialog nicht der wichtigste Punkt: Mein Gesprächspartner, der sich Jim nannte, betonte etwas ganz anderes: Abraham war zu seiner Zeit in seiner Stadt Ur in Chaldäa der einzige Gläubige, als ihn Gott aufforderte, seine Heimat zu verlassen und in ein anderes Land zu ziehen: «Dort will ich dich segnen.» Jim fuhr fort: »Deshalb ist unser Vater Abraham nicht einfach nur der biologische Vater, unser und euer Vorfahre, sondern er ist der Vater der Gläubigen. Er ist der Vater des Glaubens. Sara war unfruchtbar und zudem schon viel zu alt, um noch Kinder zu bekommen, aber Gott verhieß dem Ehepaar einen Sohn. Unser Vater Abraham glaubte einfach und wartete. Gott wiederholte mehrmals die Verheißung, dass dem Abraham durch Sara ein leiblicher Nachkomme geschenkt würde.»

«Abraham wusste nicht, wie er unter diesen Umständen von der alten Sara noch einen Sohn bekommen könnte. Darum dachte er sich eine Strategie aus. Er ging zu Saras Magd Hagar, und diese gebar ihm auf Saras Schoss den Ismael. Aber noch einmal sprach Gott mit Abraham, diesmal durch drei Engel. Noch einmal erhielt er das gleiche Wort, und jetzt war es mit einer Zeitangabe versehen: ‚Übers Jahr bekommst du den Sohn von deiner Frau Sara.' – ‚Ja, aber lass Ismael leben, wenn Sara gebiert.' – ‚Auch er wird einen besonderen Segen bekommen.' Weil Sara lachte, als sie diese Verheißung hörte, gab man ihrem Sohn den Namen Isaak (von «lachen»). Alles kam exakt so, wie Gott gesagt hatte. Und dann, viele Jahre später, verlangte Gott von Abraham, dass er den Sohn der Verheißung als Opfer auf den Altar legte. Abrahams Glaube war aber in der Zwischenzeit so reif geworden, dass er Gott zutraute, er würde diesen verheißenen Sohn, den Anfang eines verheißenen Volkes, wieder zum Leben erwecken. Darum machte er diesen unglaublichen Glaubensschritt und legte Isaak auf den Altar.»

Der Jude sagte: «Denk mal, war es Ismael oder Isaak?» Ich hatte, wie schon gesagt, ein inneres Gefühl, einen sicheren Instinkt für Lüge und Wahrheit entwickelt. Und jetzt, an diesem Punkt, musste ich mich fragen: Was ist hier los? Nach allem, was ich jetzt gehört hatte, verstand ich: Es konnte nur Isaak sein, nicht Ismael. Und dies waren die Gründe dafür, die mir einleuchteten: Abraham war mit Sara verheiratet. Obwohl sie eine unfruchtbare Frau war, hat er sie nicht verlassen. Wie anders war doch meine eigene Familiengeschichte mit den Scheidungen. Ich bekam eine große Achtung vor Abraham. Aber er nahm dann in der Stresssituation eine andere Frau, um seinen Sohn zu zeugen. Er glaubte, das wäre die Lösung des Problems – bis Gott ihm noch einmal diesen Sohn mit Sara verhieß. Von Anfang an hatte Gott ihm gesagt, es gehe um Sara. Sie war es, die den Sohn bekommen sollte. Die Zeugung Ismaels war also nicht nach Gottes Plan.

Ich habe entdeckt und verstanden, dass Hagars Ismael ein geliebter Sohn Abrahams war; aber als von der alten und unfruchtbaren Sara

Isaak geboren wurde, war es offensichtlich, dass dies der Sohn der Gnade war – ein Wunder vor aller Augen! Ich verstand, dass dies der geistliche Sohn war, weil solche Dinge nur durch Gott geschehen können. Nach eigenem, natürlichem Denken und Planen war Abraham Vater von Ismael geworden, aber durch Glauben hat er Isaak gezeugt. Ich konnte den Unterschied dieser beiden Wege klar erkennen. Gott hat Ismael geliebt, aber Isaak war der geliebte Sohn, er war der Sohn des Glaubens, das Resultat des Glaubensweges und der einzelnen Glaubensschritte unseres Vaters Abraham. Und darum war es auch Isaak, den Gott später als Opfer verlangte. Hätte es keine Magd namens Hagar gegeben, dann gäbe es nur Isaak. Das zeigte sich auch in dem seltsamen Traum, in welchem Gott dem Abraham erschien, seinen Glauben prüfte und sagte: «Nur Isaak soll der Erbe sein.»

So öffnete Gott mein Herz, diese Worte von Jim berührten mich zutiefst. Doch der Stolz des Islam saß noch immer tief in mir: «Wir Muslime machen keine Fehler!» Aber noch tiefer in mir war angekommen, was ich soeben gehört hatte, in meinem innersten Herzen. Nur wollte ich es ihm nicht zeigen. Etwas hatte sich grundlegend in mir verändert: Jetzt war ich offen für Jim. Ich wusste: Was immer er mir sonst noch sagen wollte – ist wird die Wahrheit sein! Das alles geschah bei unserer ersten Begegnung. Er sagte dann noch: «Jesus ist für unsere Sünden gestorben», aber ich konnte nicht länger bleiben, ich musste zur Arbeit. Es reichte Jim gerade noch, mir beim Abschied zu sagen: «Ohne dass du viel weißt, bitte Gott um Antwort auf deine Frage, ob Jesus wirklich am Kreuz für deine Sünden gestorben sei. Frage ihn, ob das stimmt, er wird dir antworten.»

Ich kann den Morgen kaum erwarten
So beendeten wir unser Gespräch. Wir vereinbarten ein Treffen für den kommenden Tag. Ich freute mich auf ein weiteres Gespräch. In der Nacht war ich auf der Arbeit im Suk. Ich zählte nun siebzehn Jahre und war ein starker Muskelmann geworden. Ich hatte Kisten mit Kartoffeln zu transportieren. Im Team mit einem halben Dut-

zend arabischer Jungen beförderte ich sie ins Lagerhaus. Wir bildeten eine Kette, einer war oben, andere standen weiter unten, und so reichten wir einander die Kisten weiter, immer ungefähr fünfzehn Kilo pro Kiste. Ich wusste nicht, was mit mir los war. Ich stand einfach dort und bewegte nur immer dieselben Gedanken. Schließlich sagten sie: »Was stehst du herum? So werden wir ja nie fertig.» Ich stand mit einer Kiste Tomaten dort, gab sie nicht weiter, ganz in Gedanken verloren. Eine weitere Kiste kam, mit Metall, sie zerschnitt mir die ganze Hand. Normalerweise hätte ich Schläge verteilt, aber ich reagierte nicht. Ich zeigte meinem Nebenmann ein freundliches Gesicht, dann blickte ich auf meine Wunde.

Meine Freunde sagten: «Ibrahim ist verrückt geworden! Nimmst du etwa Drogen oder Tabletten? Nein, er ist wahrscheinlich verliebt. Nein, das auch nicht. Etwas ist mit dir passiert, wir wissen nicht was.» Ich dachte nach, innerlich, ganz still. Die ganze Welt um mich her befand sich in einem Sturm. Aber ich spürte einen Frieden, der nicht von dieser Welt kam. «Ibrahim, was ist mit dir los? Sprich mit uns!» Ich wollte nur mit Jim sprechen, darüber, was mit mir geschehen war. Es wurde für mich ein Leiden, bis zum vereinbarten Treffen zu warten. Dann saßen wir uns wieder gegenüber.

«Setz dich, ich hab dir was zu erzählen!» Ich erzählte ihm alles. Er sagte: «Hast du gebetet, hast du Jesus etwas gefragt?» Dann fügte er bei: «Du musst gebetet haben.» – «Ja, ich erinnere mich.» Er fragte mich, was mein Gebet war. Ich sagte: «Als ich aus dem Park ging, sagte ich kein Wort; ich dachte nur: Gott, was Jim sagte, ist die Wahrheit. Wenn dieser Jesus wirklich Liebe schenkt und wenn Jesus bei dir ist – wer kann mich dann zurückhalten oder daran hindern, dass ich an ihn glaube? Das war mein Gedanke.» Darauf antwortete Jim: «Dies war das entscheidende Gebet.»

Jim hörte sich also an, was in mir vorgegangen war, und lud mich dann zu einem älteren Freund ein. Es war ungefähr Mittag. Diese Leute lebten in der Neustadt, einem Stadtteil von Jerusalem. Ich ging zu ihnen. Einer von ihnen, sein Freund Arik, hörte sich meine Geschichte mit großer Teilnahme an. Darauf fragte er mich: «Bist du bereit, Jesus und die Sündenvergebung anzunehmen?» Ich sagte: «Ja, ich glaube.» Und er: «Möchtest du, dass wir dir die Hände auflegen und für dich beten, und würdest du uns dann nachbeten?» Ich war einverstanden. Und so beteten wir: «Vater im Himmel, im Namen Jesu, ich glaube, dass Jesus von dir kommt. Ich glaube an seinen Tod am Kreuz für die Tilgung meiner Sünden. Und ich glaube an seine Auferstehung. Ich erkenne, du bist König und Herr über mein Leben.» Bevor sie «amen» sagten, durchströmte mich eine wunderbare Wärme, sie kam über mein Herz. Es war keine Wärme, die wehtut, sondern sie brachte eine große Freude mit sich. Ich sagte: «Wartet, wartet!» Ich wollte ihnen erzählen, wer Jesus ist. Ich sagte: «Jesus ist voll Liebe!» Sie entgegneten: «Alles, was du uns sagst, steht geschrieben.» Dann brachten sie mir ein Evangelium nach Johannes in Arabisch.

Die ersten Glaubenserfahrungen und große Wunder
Ich sagte zu ihnen: «Ich kann nicht lesen, ich kann höchstens buchstabieren, denn ich kenne nur einzelne Buchstaben.» «Bitte Jesus – er soll dir lesen helfen.» Das war seit Jahren das erste Mal, dass ich zu lesen versuchte. Ich war ja nur vier Jahre zur Schule gegangen, und auch das nicht regelmäßig. Der Einstieg war sehr schwierig; ich begann zu buchstabieren. Dann aber hörte ich eine Stimme, die mit mir las. Diese Stimme half mir zu verstehen, was ich las. Ich war so bewegt, dass ich das ganze Evangelium durchlas, vom Anfang bis ans Ende. Ich richtete den Blick auf den Schriftzug und hörte diese Stimme, und so las ich Johannes ganz durch. Das dauerte vielleicht ein bis zwei Stunden. Jim und Arik sagten zu mir: «Wenn du willst, kannst du bei uns wohnen.» Jetzt konnte ich mich waschen, endlich gab es mehr als nur ab und zu ein bisschen Hygiene. Ich wohnte bei ihnen, sie gaben mir zu essen und sagten liebevoll zu mir: «Jetzt sind wir Brüder in Jesus.»

Jim beschloss, aus der Wohngemeinschaft mit Arik auszutreten und lud mich ein, nach einer Wohnmöglichkeit in einem arabischen Dorf Ausschau zu halten. Beide hatten wir kein Geld, und so fuhren wir nach Asaria. Hier suchten wir nach einer Wohnung. Wir traten spontan in ein Geschäft und fragten, ob man sich irgendwo einmieten könnte. – «Geht zum Bürgermeister und fragt den!» Wir gingen hin. Er wollte eine Vorausmiete für mehrere Monate, umgerechnet heute 20'000 israelische Schekel. Ich sagte zu Jim: «Woher sollen wir so viel Geld nehmen?» Jim meinte: «Wenn der Herr es will, wird er es auch möglich machen.» Wir antworteten dem Bürgermeister: «Wir geben morgen oder übermorgen Bescheid.» Jim fügte noch bei: «Wenn es nach Gottes Willen ist, wird er uns helfen.»

Das war die erste Gebetserfahrung mit Jim. Er bat: «Herr, wenn du willst, so gib uns das Geld.» Am selben Abend fanden wir uns zu einem Gebetstreffen ein. Alle messianischen Juden trafen sich am selben Ort. Das war anfangs der siebziger Jahre, in der Nähe des Gartengrabes, unweit vom Damaskustor. Nach dem Treffen kam ein Unbekannter mit einem Briefumschlag auf uns zu und sagte: «Das ist von Jesus für euch.» Überrascht nahmen wir das Kuvert entgegen. Kein Name – er gab uns nur das Kuvert. Wir öffneten es ein wenig an der Ecke, um nachzusehen: Exakt die nötige Summe befand sich darin. Es hat mich fast umgehauen. Jim sagte: «Siehst du, der Vater sorgt für uns.» Das hat mich in meinem Glauben sehr gestärkt.

So zogen wir nach Asaria um. Nicht lange danach hörten wir, es gebe ein Gläubigentreffen bei Schwester Dr. Kolbi. Wir gingen hin und lernten dort Jachin Ben Chilkiah und Boaz Ben Chilkiah kennen. Man schrieb das Jahr 1972. Die beiden luden uns zu einem Abendessen ein. In ihrem Haus spürte ich sofort eine Heiligkeit, etwas, was nicht von dieser Welt ist. Sie schlugen vor, dass ich mich von Jim trennte, bevor er mit seinem geplanten Studium begann, und machten mir das Angebot, bei ihnen einzuziehen. Ich wollte lieber nicht, ihr Haus war für mich ein zu heiliger Ort. Ich hatte Angst vor ihrem

Lebensstil. Meine eigene Situation hielt mich davon zurück. Aber ich merkte mir den Ort sehr genau. Das erwies sich als richtig, denn wann immer ich Probleme hatte, kam ich hierher und bat um Hilfe. Die beiden sagten niemals nein; sie konnten mir stets weiterhelfen.

Ein Bein im Himmel, eins in der Hölle

Ein Rückfall – und der Anfang eines erbitterten Kampfes
Nach und nach rutschte ich wieder zurück in Welt. Das zeigte sich zum Beispiel daran, dass ich um Geld Karten spielte. Man spielt zu viert, es ist wie Remis. Die Einsätze, 400 bis sogar 1000 Schekel, werden im Voraus festgelegt. Der Gewinner erhält alle Einsätze. Ein Spiel folgt dem andern. Im Suk spielten wir auf diese Weise, Juden und Araber gemeinsam. Ich spielte, weil ich einsam war. Ich hatte zwar jetzt Jesus, aber es gab auch den Verführer. Am Anfang meines Glaubensweges rauchte ich munter weiter. Nach einem Jahr kam ich zu meinen Glaubensfundamenten zurück. Ich hatte einen starken Glauben, und so begann ich zu evangelisieren, Juden und Araber, kreuz und quer, es spielte für mich keine Rolle. Ein Muslim fand auf diesem Weg zum Glauben, der dann bei den Ben-Chilkiah-Brüdern wohnte. Weil ich noch einen Fuß im Glücksspiel hatte, statt ganze Sache mit dem Herrn zu machen, verlor ich all mein Geld und musste Ben Chilkiahs um Hilfe bitten. Sie bemerkten, dass etwas bei mir nicht stimmte, und sagten zu mir: «Nein, wir helfen dir diesmal nicht.» Ich verlangte lautstark, dass sie mich unterstützen sollten. Aber sie blieben bei ihrem Nein.

Ich fragte sie, ob ich rasch auf ihre Toilette könnte. Unterwegs schoss mir der Gedanke durch den Kopf: «Setz deinem Leben ein Ende!» Zuerst war es nur ein Gedanke. Dann schnappte ich mir aber plötzlich ein Rasiermesser, das dort lag, und begann mich zu schneiden. Ich spielte damit, öffnete den Wasserhahn. Ben Chilkiahs hatten Verdacht geschöpft. Mit Verstärkung von Schmuel, der damals noch bei ihnen wohnte, kamen sie zur Tür und klopften an. Ich rief durch die verschlossene Tür: «Wartet, ich komme gleich!» Sie sagten: «Nein, mach sofort auf!» Ich nahm ein Handtuch, verdeckte die Schnittstellen, versuchte mich herauszureden. Doch sie sahen sofort das Blut. «Was tust du dir an?» Ich rastete aus. Alle drei kamen über mich und drückten mich in die Badewanne. Ich wollte mich nicht festhalten lassen und zwängte mich wieder heraus.

Sie konnten mich nicht bändigen und ließen den Nachbarn eine Notiz zukommen. Die kamen nun auch noch hinzu, und alle gemeinsam hielten mich fest. Jemand alarmierte auch noch die Polizei. Die Polizisten kannten mich: «Lasst ihn, er ist OK.» Sie wollten mich friedlich mitnehmen, doch ich schlug in ein Glasfenster; ein noch größeres Blutbad entstand. Jetzt erkannten die Beamten den Ernst der Lage, und einer schlug mich mit einem Knüppel. Ich fiel hin. Sie banden mir die Hände und Füße. Wieder einmal wurde ich von Ordnungshütern gefesselt; aber in Wahrheit war ich ein Gefangener nicht der Polizei, sondern des Satans. Bis um zwei Uhr in der Früh verbrachte ich auf dem Polizeiposten, danach ließen sie mich frei. Kurze Zeit später mussten Ben Chilkiahs die arabische Stadt, wo sie wohnten, verlassen, weil die Polizei feststellte, dass die Brüder den israelischen Pass besaßen. Die Beamten wollten die Verantwortung für weitere solche Zwischenfälle nicht mehr übernehmen.

Ich sprach später mit Ben Chilkiahs über den gespaltenen Zustand meines Herzens. Wie ist es möglich, dass jemand Jesus angenommen hat und immer noch von finsteren Mächten geplagt wird? Ich war an jenem Tag wieder wie ein wildes Tier, und mein ganzer innerer Zustand kam zum Vorschein, ein Mensch ohne Charakterbildung, ohne einen Sinn im Leben. Ich wusste nicht, was Liebe ist, was Leben bedeutet. Ich war mühsam und schwierig, unerträglich und sogar gewalttätig. Die Ben-Chilkiah-Brüder hielten trotz allem daran fest, dass ich dem Herrn gehöre. Ich weiß nicht, wie sie das fertigbrachten. Aber sie brachten es fertig.

Bei dieser Aussprache kam plötzlich ein prophetisches Wort aus mir hervor, worüber ich selbst ganz erstaunt war: «Ihr geht nach Norden, und später werdet ihr nach Jerusalem gehen. Und dann werde ich mit euch gehen.» Das hat sich später erfüllt. Dieses prophetische Erlebnis war für mich eine Begegnung mit dem Herrn. Doch was meinen eigenen Zustand betraf, so stand ich einstweilen noch an einem anderen Ort. Ich hatte einen weiten Weg vor mir. Aber von diesem Ort hat mich Jesus abgeholt und Schritt für Schritt geführt. Der Wegzug aus dem Ort der Versuchungen

Kartenspielen blieb eine Leidenschaft von mir. In diesem Bereich konnte ich mich noch nicht vom alten Leben trennen. Ein Jude zeigte mir ein paar Tricks, wie ich beim Kartenspiel Geld machen konnte: Ich rollte meine Hose hoch, und im Saum hatte ich sechs zusätzliche Karten, das heißt zwanzig statt der regulären vierzehn. Auch in einem andern Lebensbereich war ich noch ganz der Alte: Ich rauchte. Mein Tag bestand aus Arbeiten am Tag und aus Kartenspielen und Rauchen bis spät in die Nacht. Das ging so weiter, bis ich eines Tages auf einem zufälligen Gang durch Jerusalem, in der Nähe der Post in der Altstadt, Boaz und Jachin Ben Chilkiah traf. Sie sagten: «Wir leben jetzt im Norden. Kommst du zu uns?» Ich ging sofort mit. Wir lebten in Rosch Pina. Doch dann verließ ich sie wieder. Etwas hinderte mich daran, bei ihnen zu wohnen.

Wenn ich hie und da zu ihnen zurückging, nahmen sie mich mit allen meinen Problemen wieder auf. Sie nahmen mich immer wieder an. Es war, als ob Gott ihnen den Auftrag gegeben hätte, über mir zu wachen. Ich hatte immer Hochs und Tiefs. Ich erinnere mich, wie ich mehrere Tage bei ihnen war. Sie sagten damals: «Es ist besser, du verlässt uns, weil Orthodoxe unser Haus niederbrennen wollen, geh lieber, damit sie dir nichts antun.» Aber ich wollte bei ihnen bleiben. Und tatsächlich – die Orthodoxen griffen uns an. Schwarz angezogen drangen sie mitten in der Nacht ins Haus ein. Ich durchlitt Todesängste, verkroch mich im Keller und legte zusätzlich Matratzen über mich. Nach ungefähr einer Stunde suchten die Brüder nach mir. «Komm raus!» Ich sah, wie übel das Haus zugerichtet war.

Eine weitere Episode: Die Polizei sah, dass ich keine Bewilligung hatte, bei Ben Chilkiahs zu wohnen. Deshalb musste ich ins Gefängnis. Die Beamten sagten: «Sie müssen eine Bewilligung in Bethlehem beantragen.» An einem Freitag früh gingen die beiden Brüder nach Bethlehem und suchten die Gemeindeverwaltung auf, um eine Bewilligung für mich zu erhalten. Im Büro gab man ihnen zu verstehen, an einem Freitag sei jeweils alles geschlossen. Die beiden sagten zueinander: «Wenn der Herr will, dass Ibrahim bleibt, erhalten wir heute noch diese Bewilligung. Andernfalls will Gott es nicht.» Zu dieser Zeit war ich noch immer nicht wirklich bereit, bei ihnen zu bleiben und setzte mich nach jedem kürzeren Aufenthalt wieder fluchtartig ab. Jetzt saßen Boaz und Jachin im Empfangsraum der Gemeindeverwaltung von Bethlehem und beteten: «Herr, wir wollen tun, was dein göttlicher Wille ist.» Gerade hatten sie «Amen» gesagt und sich angeschickt, den Raum zu verlassen, da kam ihnen eine Soldatin entgegen und sagte: «Hallo, was wollt ihr?» Die Ben-Chilkiah-Brüder nannten ihr Anliegen. «Wer seid ihr?» – «Wir sind Boaz Ben Chilkiah und Jachin Ben Chilkiah.» Die Soldatin konnte nicht nachvollziehen, dass zwei Menschen mit jüdischen Vornamen einen dritten Menschen mit arabischem Vornamen bei sich aufnehmen wollten. «Das verstehe ich nicht, aber kommt, kommt!»

«Wie könnt ihr sagen, er ist euer Bruder?» – «In Jesus sind wir ohne Unterschied Brüder, Juden und Araber.» Ein weiterer Soldat kam dazu, auch der Verantwortliche der Verwaltung. Keiner verstand, was hier vor sich ging. Alle waren im Büro, und die Chilkiahs gaben Zeugnis. Der Gemeindeschreiber sagte zur Soldatin: «Geh ins Büro, bring alles Nötige für die Bewilligung, und den Stempel.» Dann fragte er: «Wollen Sie eine Bewilligung für ein Jahr oder nur ein halbes?» «Für ein Jahr!» Sie gaben ohne zu zögern die gewünschte Bewilligung – in einem Büro, das schon geschlossen war. Gott hatte etwas so Unbürokratisches in seiner Gnade möglich gemacht. Wir alle sahen: Es war ganz offensichtlich Gottes Wille, dass ich bei Boaz und Jachin blieb.

Der Kampf weitet sich zum Krieg aus
Nach einer gewissen Zeit der Ruhe brach in meinem Innern ein wahrer Krieg aus. Unerklärliche Wut überfiel mich, und ich zerriss die Aufenthaltsbewilligung. Dann wieder wurde ich sehr betrübt und versuchte das zerfetzte Dokument zusammenzukleben. Ben Chilkiahs sahen: So geht es nicht. Sie schicken mich nach Latrun. Jeden Tag stieg ich auf den nahegelegenen Hügel und hielt Ausschau nach Ben Chilkiahs: Wann kommen sie mich endlich wieder holen? Ich kam mir dort wie in einem Gefängnis vor. Aber ich lernte etwas Wichtiges. Ich lernte zu danken. Ich konnte schließlich für jeden Moment dort danken. Denn dieser geschützte und geregelte Aufenthaltsort war für mich immer noch viel besser als alles, was mich in Jerusalem erwartet hätte..

Im Jahr 1980 kehrte ich allein nach Jerusalem zurück. Mit meinem Jahrgang 1955 war ich nun also fünfundzwanzig Jahre alt. Zu alten Kollegen pflegte ich kaum noch Kontakte, nur noch ganz vereinzelt. Eine kleine Wende zeichnete sich also bereits ab. Wieder auf dem Markt zu arbeiten, war sehr schwierig, denn an jeder Ecke lauerte das Kartenspiel. Und wieder verlor ich mein Geld. Eines Tages kamen Schmuel und Schaul. Sie waren von Ben Chilkiahs geschickt worden, um nach mir Ausschau zu halten. Und wirklich: Sie fanden mich und sahen, in welch schlimme Lage ich wieder geraten war. Doch ich war nicht bereit, mit ihnen zurückzugehen. Also taten sie das, was ihnen für den Moment möglich war: Sie gingen in die Altstadt und mieteten ein Zimmer für mich. Dort blieb ich mehrere Monate. Von 1980 bis 1987 lebte ich allein in Jerusalem. Einerseits gab ich Zeugnis von Jesus, andererseits lebte ich in Sünde.

Wenn ich Jesus vor Juden bezeugte, so hörte ich etwa Folgendes: «Du bist verrückt, du machst das für Geld, oder du nimmst Tabletten.» Das hat meinen Glauben nicht geschwächt, ganz im Gegenteil: Es hat ihn gestärkt. Was ich über Jesus sagte, war ziemlich genau das, was mir in meinem eigenen Leben fehlte. Mein Herz war bei

Jesus, aber mein Leben war noch ganz von der Welt gefangen; einer der Gründe dafür war sicher meine Einsamkeit. Etwas fehlte mir. Eines Tages sah einer auf dem Markt zu, wie ich Karten spielte. Er sagte zu mir: «Komm, ich will dir etwas sagen: Wenn der Freund stärker ist als du, bleib sein Freund, damit er dir nicht schadet.» Es war ein alter Jude, der mich liebte. Er fügte dann noch bei: «Statt dass du hart arbeitest und dann dein Geld beim Kartenspiel verlierst – arbeite doch in einem Café, dann hast du keine Zeit für Karten, und am Ende hast du Geld. Ich habe das früher auch getan, aber ich habe seither einiges gelernt. Ich habe gesehen, wie die Leute sich vergnügten, und erlebt, wie sie auf unehrliche Weise Karten spielten. Ich gehörte damals auch zu den Betrügern. Ich konnte mit den Karten viel Geld verdienen. Aber so schnell ich viel gewann, so schnell verschwand der Reichtum auch wieder.»

Kämpfer an einer neuen Front

Zwischen Mordverdacht und Lebensrettung

Eines Tages fiel der Verdacht auf mich, einen Juden ermordet zu haben. Die Polizei tauchte auf und verhaftete mich. Die Beamten verhörten mich. Ich wusste, dass es um Mord an einem Juden ging, der in Nähe des Suk lebte. 48 Stunden nach dem Mord geriet ich ins Visier. Und so landete ich wieder einmal im Gefängnis. Die jüdischen Sicherheitskräfte verdächtigten mich auch noch eines anderen Totschlags. In jenen Jahren geschahen an Juden immer wieder Morde durch Araber. Diese Araber wussten, dass ich im Gefängnis war, und sie liebten mich, weil sie dachten, ich hätte es wirklich getan. Aber dies machte mich in meiner traurigen Situation nur noch trauriger – denn ich liebte die Juden. Ich hatte keine Ahnung, weshalb dieser Verdacht auf mich fiel. Früher hatte ich mit der Polizei öfter zusammengearbeitet. Dabei hatte ich sogar einigen Juden das Leben gerettet. Deshalb sagte der Geheimdienst zur Polizei: «Macht ihm keine Probleme, außer wenn er sich tatsächlich als schuldig erweist. Ansonsten lasst ihn laufen.» So kam ich bald wieder frei.

Meine Mutter hatte ich nun schon seit elf Jahren nicht mehr gesehen. Doch endlich hatte ich wieder Kontakt zu ihr herstellen können. Das kam so: Ich verliebte mich in das Mädchen, das später meine Frau wurde, und hätte es um jeden Preis heiraten wollen. Damals war ich vierundzwanzig, sie war siebzehn. Doch um sie zu heiraten, musste ich meine Eltern um ihre Zustimmung bitten, damit sie mit ihren Eltern Verbindung aufnahmen. Vater und Mutter wussten, dass ich gläubig war; im Grunde waren sie nicht vehement dagegen, aber es bedeutete für sie eine Demütigung. Dennoch begaben sie sich zu den Eltern jenes Mädchens. Diese sagten aber entschieden nein. Das war natürlich vorerst ein schwerer Schlag für mich. Aber zumindest hatte ich dadurch wieder Verbindung zu meinen Eltern aufnehmen können.

Vier Jahre später ging ich wieder meine Mutter besuchen. Traurigerweise hatte sie sich den Terroristen angeschlossen. Sie wollte mich in dieser Richtung beeinflussen und hätte mich gern als einen Helden für ihre Sache gesehen. Um dies zu erreichen, plante sie, mich in ein arabisches Land mitzunehmen. Dort würde es leichter sein, mit einem Terrornetzwerk in Verbindung zu treten und entsprechende Gruppierungen zu finden. «Wir werden sehen, was wir tun können.» Ich sollte als Terrorist gegen Israel ausgebildet und eingesetzt werden. Meine Mutter hatte den Auftrag, Leute wie mich zu rekrutieren. Noch bevor wir ins Ausland aufbrachen, erhielt ich einen Vorgeschmack von dem, was auf mich zukam.

Plötzlich vor einem ungeahnten Dilemma
Eines frühen Morgens erhielten wir die Nachricht: «Heute um 9 Uhr wird es in Jerusalem eine Explosion geben.» Die Drahtzieher gaben mir die Straße und weitere Details bekannt. Nun stand ich vor einem Dilemma: Ich wusste nicht, wie ich diese Information an Israel weiterleiten konnte, aber ich wollte es unbedingt. Denn ich sagte mir, wenn ich einmal für die Juden die Position eines Vertrauensmannes hätte, dann könnte ich eventuell zwischen ihnen und den Arabern Frieden stiften. Bevor ich der Gruppe meine Einwilligung gab, ging ich zur Geheimpolizei und berichtete, was ich wusste. Ich betonte den Beamten gegenüber, dass ich ihnen diese Informationen nicht für Geld gäbe: «Vielmehr möchte ich verhindern, dass einer den andern umbringt.» Zuerst glaubten sie mir nicht. Dann versprachen sie zu prüfen, ob ich die Wahrheit sagte. Ich eröffnete ihnen, meine Mutter und ich gingen demnächst ins Ausland, um Mitglieder einer Terrorgruppe zu werden. Sie sagten: «OK, geh mal, und wir werden sehen, was daraus wird.» Im Ausland hatte ich mehrere Begegnungen mit dem Verantwortlichen der ganzen Gruppe. Er ist heute ein sehr bekannter Name. Mitglieder der Gruppe begannen mir zu zeigen, wie man Bomben vorbereitet. Ich musste üben, um es in Israel tun zu können.

Ich sah, welche Leute dorthin kamen, um zu trainieren. Eines Tages hieß es: «Heute Abend um 21.00 Uhr wird in Jerusalem eine Bombe hochgehen.» Ich hatte wenig Zeit und war schon wieder in einem Dilemma: Wie konnte ich von hier aus die Polizei benachrichtigen? Es war unmöglich, diese Information aus dem Ausland nach Jerusalem zu übermitteln. Die Leiter der Gruppe sagten: «Hört die Nachrichten!» Und wirklich, die Meldung kam; doch nicht wie gewünscht. Es gab keine Toten ... Nach geraumer Zeit ging ich nach Jerusalem zurück. Anfänglich hatte ich geglaubt, ich müsste jahrelang in dem benachbarten Land arbeiten, damit mir gegenüber niemand argwöhnisch würde und Verdacht schöpfte. Aber dann entschloss mich eben doch, zurückzukehren und der Polizei zu sagen, dass ich von der geplanten Explosion um 21 Uhr schon vorher gewusst hatte. Den Geheimdienstlern war klar, dass sie die betreffenden Terroristen nicht gefangen nehmen durften. Sonst hätte die Gruppe gemerkt, dass ich der Verräter gewesen war.

Es geht los

Eines Tages war ich im Haus eines der Terroristen. Er sagte: «Morgen um 9 Uhr wird es im Chefbüro einer großen Fabrik mächtig krachen. Die Bombe liegt schon unter dem Tisch.» Ich hörte das. Es war am Vorabend um 22 Uhr. Ich musste das jemandem erzählen. Ich ging zur Geheimpolizei und gab den Plan bekannt. Die Beamten alarmierten augenblicklich die Spezialisten. Auf meinen Körper klebten sie Mikrophone. Dann schickten sie mich mit dem Auftrag zurück: «Geh nochmals zu jenem Mann und beginne mit ihm darüber zu sprechen.» Ich musste es raffiniert anstellen, denn die Sache war sehr heiß. Man sah, dass unter meiner Kleidung etwas Ungewöhnliches war. Deshalb zog ich ein zweites Hemd an. Ich ging zu diesem Mann: «Ich möchte ein Kaffee.» Ich brachte ihn dazu, mir die Details zu erzählen. Die Geheimpolizei hörte das ganze Gespräch zeitgleich mit. Dann verließ ich erleichtert das Haus. Ich kannte allerdings keine Namen, weder den der Fabrik noch den der Stadt.

Die Polizei musste zwischen 6 und 9 Uhr alle Fabriken und Büros absuchen. Das war eine Riesenarbeit. Viele Soldaten und Volontäre suchten mit. Sie wurden am Ende fündig. Die Bombe wurde entschärft, und am Ende wusste die Polizei genau, wer den Sprengsatz dorthin gebracht hatte. Ich kannte auch das Datum der Rückkehr aller angeworbenen Terroristen. Die Geheimpolizei gab mir die Fotos von all den Leuten, die die Grenze in der vorangehenden Woche passiert hatten. Aus Hunderten von Fotos konnte ich die Betreffenden identifizieren. Jeden Einzelnen konnten sie festnehmen. Die Gruppe konnte nichts gegen diese Verhaftungswelle unternehmen. Sie wusste nicht, wer sie verriet. Um keinen Verdacht auf mich zu ziehen, schlug ich vor, für anderthalb Monate ins Gefängnis zu gehen. Denn ich hatte Todesangst, und in dieser bedrohlichen Lage war das Gefängnis für mich der sicherste Ort auf Erden, so seltsam sich das auch anhört. Aber noch sicherer war die Gnade Gottes, durch die ich während der ganzen lebensrettenden Aktion bewahrt wurde.

Im Gefängnis Jeschua bezeugen

In der Öffentlichkeit stand ich mit vielen andern jetzt unter Mordverdacht. Auch ein Scheich war unter den Mitgefangenen. Er übte hier sein Amt aus und benutzte seine religiöse Autorität. Das äußerte sich darin, dass er die Gefangenen jeweils um sich versammelte und Suren aus dem Koran zitierte. Zudem wählte er eine besondere Vorgehensweise, um an direkte Offenbarungen oder Weisungen von Allah zu kommen: Er klebte einem Häftling eine bestimmte Sure auf die Stirne. Alle saßen dann erwartungsvoll im Kreis. Er sprach noch eine Weile weiter, doch vorerst passierte nichts. Dann rief er einen Geist an – einen Dschinn, wie wir sagen. Der Geist sollte in die Person mit der Sure an der Stirn fahren. Und tatsächlich – regelmäßig fiel der mit der Sure beklebte Mann in eine Trance und begann zu sprechen. Daraus ergaben sich jeweils Offenbarungen.

An diesem Abend, wo auch ich in den Kreis eingeladen war, geschah nichts. Denn ich hatte zu Beginn der Zeremonie gebetet: «Herr, wenn es nicht von dir ist, soll nichts passieren.» Etwas irritiert sagte der Scheich: «Hier stimmt was nicht.» Er wurde ganz nervös. «Was ist hier los?» Ich bekannte vor ihm und allen andern freimütig: «Früher war ich war Muslim, aber jetzt glaube ich an Jeschua. Zu ihm habe ich gebetet: Wenn der angerufene Geist nicht von Gott ist, so soll er sich nicht manifestieren können.» Der Scheich sagte erbost: «Ich wusste, hier ist jemand unrein!» Bis zu diesem Moment hatten mich die Araber geliebt, weil sie glaubten, dass ich jemanden getötet hätte. Doch jetzt wollten sie mich loswerden. Es wurde bedrohlich, und zum Glück wurde ich in eine Einzelzelle verlegt. Das war in den Jahren 1986 bis 88. In diesem ganzen Zeitraum ist der Geist nie erschienen.

Während meiner ganzen Zusammenarbeit mit der Geheimpolizei im Gefängnis hat mich Gott vor Angriffen bewahrt. Immer wieder konnte ich Informationen weitergeben. Wenn ich heute auf Jerusalems Straßen bin, erkennen mich die Verbrecher nicht. Eines Tages blätterte ein messianischer Jude in der Zeitung und stieß plötzlich auf ein Foto von mir. Er brachte die Zeitung Boaz Ben Chilkiah, der zur Kenntnis nehmen musste, dass ich wegen Verdacht auf Mord im Gefängnis saß. Er wandte sich an die Polizei. Die Beamten fragten argwöhnisch: «Wieso kennen Sie diesen Araber?» Er sagte, dieser sei ein Bruder, und er müsse mit ihm sprechen. Als er in die Zelle trat, fragte er mich besorgt: «Hast du wirklich diesen Araber umgebracht?» Ich sagte: «Nein, wieso hätte ich das tun sollen?» Die Polizeibeamten hörten das Gespräch mit. Ein Polizist fragte Boaz im Vertrauen: «Was denkst du, ist dieser Mann aufrichtig?» Der beteuerte energisch: «Ich bin überzeugt, er ist es nicht gewesen.» Es dauerte nur wenige Tage, und ich war wieder auf freiem Fuß.

Sobald ich das Gefängnis verlassen hatte, bedeutete dies auch das Ende der Kooperation mit dem Geheimdienst. Denn ich war nun nicht mehr durch die Gefängnismauern vor Racheakten geschützt. An dieser Wende meines Schicksals erkannte ich: Gott wollte nicht, dass ich diese Zusammenarbeit weiterführte. Vielleicht wäre es zu gefährlich für mich geworden. Trotzdem war diese Geschichte für mich ein ganz besonderer Lebensabschnitt: Denn auf diese Weise habe ich das Leben von Juden gerettet. Die Gruppe hatte immer noch Pläne für weitere Bombenanschläge. Ich kannte die Gesichter, und jeder hatte für seine Aktion ein Datum zugewiesen bekommen; an diesem Tag hätte er einen Anschlag ausüben sollen. Ich wusste, wie das lief, denn auch ich hatte ein solches Datum. Einer der Geheimpolizisten wollte von mir wissen, wann, wo und wie diese Anschläge erfolgen würden. Ich konnte indessen keine Namen nennen, denn ich kannte nur ihre Gesichter.

Wie ich schon erzählt habe, bin ich durch meine Mutter zu der Terroristengruppe gestoßen, zu welcher sie gehörte. Doch nun ging ich nicht mehr zur Mutter zurück. Das blieb bis zu ihrem Tode so. Sie hätte mich sicherlich zur Rede gestellt, und ich hätte sie nicht anlügen können. Als sie starb, fragte ich Boaz und Jachin um Rat: «Soll ich zur Beerdigung gehen?» Sie waren überzeugt, dass dies zu gefährlich wäre. Bis heute überfällt mich Angst, wenn mich Verwandte meiner Mutter antreffen. Ich kann sie nicht ansehen. Ich gehe sie nicht besuchen, denn ich weiß nicht, ob sie etwas gegen mich unternehmen werden.

Meine Frau Maryam

Zwölf Jahre Geduldsprobe
Blicken wir ein wenig zurück: Jedes dritte Jahr ging ich zu den Eltern von Maryam, um ihre Einwilligung zur Heirat zu erhalten. Als wir begannen zueinander eine Beziehung aufzubauen, war ich vierundzwanzig und sie siebzehn. Ich sah sie erstmals im Suk; sie arbeitete bei einer Firma für Wäschereinigung. Sie steckte in vielen Schwierigkeiten, auch in seelischen. Das hing damit zusammen, dass sie nicht wusste, was sie mit ihrem Leben tun sollte, und wozu sie auf der Welt war. Mir war von Anfang an klar: Diese Beziehung ist von Gott – Maryam ist es, die meine Frau werden soll. Deshalb kämpfte ich jahrelang geduldig und hartnäckig für unsere gemeinsame Zukunft. Meine Familie wusste, dass ich Christ bin, meine Freundin auch, aber anfänglich war dies eher ein Nebenthema. Ihre Eltern allerdings wollten von einer solchen Beziehung nichts wissen.

Beim ersten Mal, als ich um die Hand meiner Zukünftigen anhalten wollte, konnte mein Vater mich nicht zu ihren Eltern begleiten; dafür war er zu krank. Aber meine älteste Schwester kam mit. Die Eltern meiner Freundin brauchten etwa zwei Wochen Bedenkzeit; sie wollten etwas mehr über mich erfahren. Ich war Palästinenser, das hieß ich war ohne Pass, staatenlos; die Angehörigen dieser Familie hingegen waren arabische Israeli, hatten also die Staatsbürgerschaft. Die Leute hatten sie bereits darauf aufmerksam gemacht, dass ich Christ sei. So sagte die Familie zur Heirat geschlossen nein. Also musste ich drei lange Jahre warten. In dieser Zeit hatte ich viel Gelegenheit, mit meiner Geliebten zu reden; wir sprachen über alles, auch über den Glauben. Oft trafen wir uns auch mit ihren beiden Schwestern, nur eben nicht mit ihren Eltern. Ich gab ihr Zeugnis von Jesus. Zuerst kam das nicht gut an: Sie verbrannte meine Bibeln. Aber dann sah sie ein, dass mich dies nicht vom Glauben abbringen konnte, und sie begann zu verstehen, dass ich Jesus liebte. Einige Monate nach der Bibelverbrennung akzeptierte sie meine Liebe zu Jesus. Nach drei

Jahren suchte ich ihre Eltern wieder auf, doch sie sagten wieder nein. So wartete ich drei weitere Jahre. Und wieder hieß es: «Nein».

Also hieß es nochmals drei lange Jahre warten, insgesamt zwölf Jahre! Ich war gläubig, also wollte ich warten. Sie war nicht gläubig, wollte aber auch warten. Meine Freunde pflegten zu sagen: «Ihr seid wie Romeo und Julia.» Am Ende wurde die Geschichte wirklich dramatisch. Auch meine Eltern begannen mir dringend abzuraten: «Sie ist nichts für dich». Ich hörte allerdings nicht auf sie. Aber nach dem dritten Nein ging meine Geduld doch langsam zu Ende. Eines Tages sagte ich zu meiner Geliebten: «Du siehst, ich kann dich nicht heiraten, es ist aus für uns.» Sie ging zur Apotheke und kaufte sich Tabletten – just in der Nähe, wo ich arbeitete. Eine Nachbarin sah sie etwas später ohnmächtig auf der Treppe liegen. Sie kam herüber und rief verzweifelt nach mir. Augenblicklich benachrichtigte man die Ambulanz des Hadassa-Spitals. Die Eltern kamen herbeigerannt und schrien «Ibrahim, Ibrahim, Ibrahim!» Der Arzt des Notfallteams fragte, wer denn Ibrahim sei. Glücklicherweise wusste die Krankenschwester, wer ich war. Sie bestellte mich ins Spital. Der Arzt befahl mir: »Sage ihr, dass du sie lieb hast und sie heiraten willst.« Und so sagte ich es voll Verzweiflung und von Herzen: «Ich habe dich lieb, ich will dich heiraten!» Darauf erhielt sie eine Infusion. Nach zwei Tagen kamen ihre Eltern und gaben mir die Einwilligung zur Ehe.

Endlich – die Hochzeit
Ich hatte zwölf Jahre auf meine Frau gewartet. Meine Freunde sagten, so etwas habe es früher gegeben, heute aber komme das nicht mehr vor. Aber genauso war es: Ich war bereit zu warten und zu warten, weil ich glaubte, dass Jesus sie mir geben würde. Ich war zwar nicht außergewöhnlich verliebt, aber ich wollte sie haben. Wenn mir Leute wegen diesen besonderen Umständen auf den Zahn fühlen wollten und ich ihnen meinen Standpunkt erklärte, meinten sie: «Du bist verrückt, dass du diese willst, sie ist nicht gut im Haushalten und hat nicht einmal eine Schulbildung.»

Was die so genannten Haushaltskenntnisse bei uns Arabern betrifft, so hieß dies nach unserer Tradition in erster Linie: Eine Frau ist und bleibt im Haus, hier bekommt sie Kinder und hier muss sie diese auch erziehen. Alles, was mit dem Haus zu tun hat, liegt in ihrer Verantwortung, der Mann bringt lediglich das Geld. Wenn aber jemand seine Frau zur Arbeit schickte, so galt das lange Zeit als nicht akzeptabel. Mehr noch, es war eine Schande. Heute gibt es eine Aufweichung dieser Tradition, wegen der benötigten Finanzen, denn oft bringt der Mann nicht genug Geld nach Hause. Die alten Sitten bröckeln auch deshalb, weil westliches Denken in unsere Kultur eindringt. Langsam ändert sich das Bild der Frau; auch sie erhält allmählich Möglichkeiten, zur Arbeit zu gehen.

Hochzeit ja – aber kein Geld!
Nachdem die Eltern von Maryam zu meinem Hochzeitsantrag ein zögerliches Ja gegeben hatten, ging ich sie zusammen mit meinen Eltern besuchen. Sie reagierten zuerst unwirsch und stellten sich meinem Wunsch entgegen. Offensichtlich hatten sie Mühe, ihre Tochter loszulassen. Das Gespräch ging hin und her, und schließlich gaben sie uns vierzig Tage Zeit für die gesamte Vorbereitung. Eigentlich bedeutete dies eine indirekte Absage, denn ich hatte kein Geld, überhaupt nichts. Wo sollte ich es in so kurzer Zeit hernehmen? Es schien fast, als ob das Wort wahr würde, das ich meiner Geliebten kurz vorher gesagt hatte: «Du wirst sehen, wir können nicht heiraten.» Als die Eltern jetzt von vierzig Tagen redeten, sagte ich: «OK!» trotz der fast unüberwindbaren Schwierigkeiten.

Meine Verbindung zu Ben Chilkiahs war damals nicht ausgesprochen stark. Ich hatte dafür mit Shaul in Tiberias einen regen Kontakt; Shaul arbeitete nicht mehr mit den Ben Chilkiahs zusammen. Er als Jude nahm mich als Araber an wie einen aus seiner eigenen Familie. So fasste ich Mut und trat an ihn mit einer heiklen Frage heran: «Die Eltern meiner Freundin haben zur Hochzeit ja gesagt. Was soll ich tun?» Seine Antwort war kurz und bündig: «Mach es so, wie Gott dich führen wird.» – «Aber ich habe absolut kein Geld!» – «Gut, ich gebe dir in ein paar Tagen Bescheid.» Schon das allein erfüllte mich mit einem Funken Hoffnung, und ich begab mich zu meinem damaligen Hausbesitzer. Er kannte meine Geschichte, und als er und seine Familie hörten, dass die Eltern zugestimmt hatten, freuten sich alle mit mir. Der Boss lieh mir etwas Geld. Dann geschah noch etwas Eigenartiges: Genau während dieser vierzig Tage starb mein Vater; und das heißt für uns Araber, dass eine vierzigtägige Trauerzeit angesetzt wird. Das gab mir etwas zusätzliche Zeit. Maryam arbeitete noch. Auch ihr Arbeitgeber lieh ihr Geld, dann half ihre Schwester ebenfalls aus. Da erfolgte die große Überraschung: Shaul überwies 4'000 Dollar auf mein Bankkonto. Diese Summe war seine Rückstellung für die Ausbildung seiner Kinder. Ein Jude leiht einem Araber die Rückstellung für die Zukunft seiner Kinder aus, ohne feste Garantie. Man muss sich so etwas einmal vorstellen.

Auf zwei Hochzeiten tanzen
So konnte ich mich nach den vierzig Trauertagen daranmachen, die Vorbereitungen für unsere Hochzeit zu treffen, was für uns Araber kein geringes Prozedere bedeutet. Mir war klar, dass ich sie zuerst nach dem arabischen Ritus heiraten musste. Ohne die arabische Heirat hätte ich sie nicht in mein Haus führen können. Außerdem war sie Israeli, was bedeutete, dass sie ein Hochzeitszertifikat brauchte. Ich brauchte unbedingt auch diese israelische Staatsbürgerschaft. Die muslimische Ehe war meine einzige Möglichkeit, für immer auf der israelischen Seite leben zu können.

Nachdem die eine Seite geklärt war, ging ich zu den Brüdern Ben Chilkiah und eröffnete ihnen meine Absicht: «Ich heirate Maryam!» Doch die Ben Chilkiahs sagten: «Du musst auch im Namen Jesu heiraten.» – «Wie soll das gehen? Ich habe mich schon für die arabische Feier verschuldet!» – «Keine Sorge, wir werden für euch finanziell aufkommen.» So gab es also zwei Hochzeitsfeiern. Für mich war es die schönste Überraschung, dass meine Mutter und die andern

Verwandten bereit waren, auch ans christliche Fest zu kommen. Als diese christliche Vermählung am Horizont auftauchte, war es für sie zunächst ein Schock. «Wieso sollen wir nochmals an eine Hochzeit? Die sind ja schon verheiratet!» Gewiss war in ihrem Herzen keine Freude; aber sie wollten mich ehren, indem sie meine Entscheidung akzeptierten. Sie waren dann positiv überrascht, als sie die jüdischen Geschwister sahen. Wir feierten zusammen, und alles verlief ruhig und ohne Zwischenfälle. Auch einige Leute aus der Gemeinde feierten mit. Die Zeremonie war in Hebräisch und wurde ins Arabische übersetzt. Das Essen war ganz im arabischen Stil. Während von der arabischen Seite fünfzehn Leute gekommen waren, so waren es von der Gemeinde vierzig Personen. Die ganze Gemeinde war nämlich eingeladen.

Diese Hochzeit ist einzigartig in Israel
Wahrscheinlich gab es bei meinen Verwandten später viel zu reden: «Wie ist es überhaupt möglich, dass wir zu einer solchen Hochzeit gegangen sind!?» Aber es ist geschehen, und etwas Derartiges gibt es nicht so bald ein zweites Mal. Trotzdem hoffe ich, dass in Zukunft wieder solche Hochzeiten stattfinden. Später sagte ich zu meinen Verwandten: «Die arabische Hochzeit lasse ich nicht gelten, die wirkliche Heirat kann nur im Namen von Jeschua geschehen.»

Man schrieb das Jahr 1992. Ich war damals 37jährig, meine Frau war 31. So also hat sich unsere gemeinsame Geschichte abgespielt, die abenteuerliche und untypische Geschichte meiner Heirat. Untypisch ist sie deshalb, weil unter Muslimen eine solche Mischehe nicht akzeptiert wird: Ich bin im biblischen Sinn zwar gläubig, für Muslime aber ein Ungläubiger, schlimmer noch, ein Abgefallener und Verräter. Es ist also das Wunder geschehen, dass sie einverstanden waren mit etwas, was sonst niemals toleriert würde. Auch Maryams Eltern hatten von der christlichen Feier Kenntnis, sagten aber kein Wort dazu. Die Hochzeit war natürlich nicht nach ihrem Willen, ganz im Gegenteil. Sie stand über ihrem Willen.

Boaz Ben Chilkiah, der die messianische Zeremonie vollzog, erzählte mir rückblickend, es habe ihm große Freude gemacht, besonders weil meine Familie gekommen war. Er erlebte dabei hautnah, wie der Herr selbst die Sache führte und in seiner Hand hatte. Meine Verwandten hatten sich im Voraus sogar zu einem Tee einladen lassen. Bei dieser Gelegenheit hatte ich ihnen über meinen Glauben Zeugnis geben können. Die Familie reagierte nicht heftig oder unverhältnismäßig, aber auch sie ließ es sich nicht nehmen, in diesem brenzligen Moment für ihren Glauben zu kämpfen und die Unerschütterlichkeit des Islam zu bezeugen.

Jesus auch vor und nach der Hochzeit bezeugen
Kämpfe hin oder her – das Wichtigste ist die Tatsache, dass wir sie zur Hochzeit eingeladen haben und sie auch gekommen sind. Gott gab mir dieses Zeugnis, dass der Name Jesus über jedem anderen Namen steht. Wenn wir in einer Stunde der Wahrheit wirklich seinen Namen bezeugen, verändert sich alles, und Wunder beginnen zu geschehen. Aber wir brauchen in einer solchen Stunde gehörigen Mut. Es gibt ängstliche Menschen, die den Namen Jesus auf der Arbeit, in der Familie oder unter Freunden nicht zu bezeugen wagen. So hoffen sie, dadurch verändere sich für sie nichts zum Schlechteren. Ich danke dem Herrn, dass er mir überall diesen Mut gab. Auf der Arbeit, unter Freunden, gegenüber den Nachbarn: Immer habe ich zuerst den Namen Jesus bezeugt. Wenn sie mich akzeptiert haben, so sind meine Ängste weggeschmolzen. Gott hat mir immer Mut gegeben, und bisher ist nie etwas Schlimmes passiert. Manche haben mich bedroht, einmal versuchten sie sogar mich zu fesseln. Aber Gott schenkte Standhaftigkeit oder tat einen Ausweg auf. Dabei ist es mit dem mutigen Zeugnis noch nicht getan: Die Leute sollen auch sehen, wie wir im täglichen Leben umsetzen, was wir ihnen bezeugt haben. Die Menschen, die meine Ansichten kennen, sollen die entsprechenden Früchte sehen. Die wahre Botschaft braucht eine Bestätigung durch wahres Leben.

Es ist einfach, mit Unbekannten über Jesus zu sprechen, mit Leuten außerhalb unseres Beziehungsnetzes. Aber ich gehe nicht auf Menschen zu, die ich nicht kenne, sondern gerade auf die, mit welchen ich bekannt bin. Das war nicht immer so. Wir müssen das Evangelium zu den Leuten bringen, mit denen wir gelebt, gegessen und gearbeitet haben – selbst wenn es für unser Leben gefährlich werden sollte. Das ist die Wahrheit. Ich danke Gott, dass ich heute an diesem Punkt bin. Ich stecke mitten in dieser Sache drin. Im Großen und Ganzen ist es in der Familie ruhig, obschon es zwischendurch knistert und Reaktionen gibt. Das allein ist schon ein Sieg.

Wenn wir unser Zeugnis von Jesus in Wort und Tat weitergeben, so geht es doch auch nicht ohne Liebe. Denn es braucht die Liebe; sonst schafft die Botschaft Angst und Ablehnung. Doch die Liebe ist es, die alle Ängste vertreibt. Die Liebe ist stets zum nötigen Opfer bereit. Sie findet immer wieder Menschen, für die sie gerne den Preis bezahlt. Warum also soll ich irgendwo weit weg Menschen suchen, um an sie diese Liebe weiterzugeben? Selbst wenn ich eine so laute Stimme hätte, dass ich mit Worten Berge vernichten und Felsen zerbrechen könnte, warum nicht da anfangen, wo ich aufgewachsen bin? Warum nicht denen ein Freund sein, die schon in der Kindheit meine Freunde waren? So glaube ich, dass es uns gelingen kann und dass die Ehre Jesu, sein Ruhm, enorm wachsen wird. Dies ist meine Sicht der Dinge, und es ist Jesus, nur Jesus. Du hörst Worte von einem Mann, der die Schule nur vier Jahre lang besucht hat. Ich lasse dich an dem teilhaben, was Jesus in meinem Leben getan hat und was in meinem Alltag geschieht.

Meine Frau Maryam hat die Hochzeitsgeschichte natürlich anders erlebt. Sie war das schwächste Glied in der Kette. Sobald ich anfing, über meinen Glauben zu reden, wollte sie mich bremsen; generell war sie zurückhaltend. Doch im Laufe der Zeit begann auch sie, die Liebe von Jesus am Arbeitsplatz zu bezeugen. Oder plötzlich ermutigte sie mich: «Sprich doch zu diesem oder jenem Menschen.» Aber noch lange litt sie unter der Angst vor ihrer eigenen Familie. Das Muster der Familienehre war noch tief in ihr eingeprägt. Wenn wir die Ehre nicht Gott geben, dem sie gehört, so haben wir etwas Entscheidendes verloren. Aber Gott vergibt uns immer. Es muss nicht sein, dass jeder Muslim, der zum Glauben an Jesus kommt, es so macht wie ich. Es gibt ja Orte, wo Christen umgebracht werden, bloß wenn sie den Namen Jesus nennen. Wir müssen klug sein und wissen, wo, wie und wann zu reden ist.

Ich tue endlich Buße

Ein mühsamer Anfang mit Fesseln an den Füßen
In der arabischen Baptistengemeinde hatte ich mich taufen lassen. Bald darauf konnte ich einen Muslim zum Glauben führen. Später lernte ich die «Gemeindschaft der Versöhnung» in Jerusalem kennen und dort einen Lehrer, dessen Erklärungen für mich mit der Zeit immer maßgebender wurden. Am Ende einer ersten Begegnung und Diskussion klopfte er mir auf die Schulter und sagte: «Ich glaube, was du sagst, ist die Wahrheit.» Das bestärkte mich, für meinen Glauben Zeugnis zu geben. Und so kam es, dass viele mein Zeugnis hörten. Aber es brachte kaum Frucht. Die es hörten, kamen nicht zum Glauben. Der Grund dafür war einfach: Ich führte zu jener Zeit noch ein Doppelleben.

Seit ich Jesus angenommen hatte, stand ich in einem heftigen inneren Kampf. Das, was der Apostel Paulus den «neuen Menschen» nennt, stand im Konflikt mit meiner alten Natur. Es war nicht nur ein Kampf, sondern ein regelrechter Krieg, und dementsprechend habe ich gelitten. Die Sünde in mir fühlte sich an wie eine Krankheit, die sich kaum heilen lässt und die sich durch die Mitmenschen immer wieder verstärkt wie durch Ansteckung und im Gegenzug auch diese wieder ansteckt. In dieser Zeit konnte der neue Mensch in mir nur äußerst langsam wachsen. Mein Hang zu gewissen Sünden hemmte das Vorankommen im Glauben immer wieder, und ich konnte meine alten Lebensmuster, Denkgewohnheiten, Verhaltensmuster und Süchte fast nicht abschütteln. Erschwerend kam hinzu, dass ich meist allein war. Aber auch die Einsamkeit war eine Frucht dieses «alten Menschen», denn ich integrierte mich nur zögerlich in die Gemeinschaft der Gläubigen. Trotzdem kann ich über diese schwierige Zeit auch etwas Positives sagen: Weil die Liebe Jesu so stark auf mir lag, hatte ich keine Angst davor, meinen Eltern, Freunden, Arbeitskollegen und den Eltern meiner Frau Zeugnis zu geben und die Wahrheit zu sagen.

Ihre Antwort ging immer etwa in dieselbe Richtung und entsprach ganz ihrem islamischen Verständnis, das mit Niederlagen und Schwachheit und darum auch mit dem Kreuz Christi nicht umgehen kann. So hieß es: «Du demütigst uns, du bringst Schmach und Schande über uns, wegen dir müssen wir uns schämen.» Sie gingen sogar noch einen Schritt weiter und bedrohten mich an Leib und Leben. Ich danke dem Herrn für die große Gnade, dass er mich bewahrt hat, weil er in meinem Herzen lebte. Es gab nicht viele Muslime, die den Schritt zum Glauben an Jesus Christus getan hatten. Und wenn, dann mussten sie deswegen die Eltern, die Familie und ihren Wohnort verlassen. Das erinnert uns an Abraham, der wegen seines Glaubens auch sein ganzes Umfeld verlassen hat. Ich kann diese ehemaligen Muslime gut verstehen, denn sie wussten: Man hätte sie ohne weiteres umbringen können.

Da muss jeder selbst wissen, wie er sich verhalten soll. Jeder muss sich von Gott persönlich führen lassen. Mit seiner Führung kommt dann auch die gnädige Bewahrung. Es ist eine Tatsache: Heute lebe ich mitten unter Muslimen. Zu meiner Mutter und den Schwiegereltern pflege ich gute Beziehungen, und ich gehe noch einen Schritt weiter: Jederzeit kann ich ihnen das Evangelium bringen. Verstandesmäßig konnte ich mein Bleiben in dieser gefährlichen Situation nicht einordnen. Nach bloßer Vernunft hätte ich hier wegziehen sollen. Denn ich fürchtete immer, durch Muslime umgebracht zu werden. Ich muss gestehen, dass ich wegen der Angst vor Verfolgung oft an Flucht dachte. Doch ich erhielt immer wieder den Frieden Gottes, und seine Liebe in mir überwand für eine Weile die schleichende Angst. So ging ich weiter, durch viele Konflikte und tiefe Kämpfe hindurch, und blieb doch stets bewahrt. Ab und zu meldete ich mich bei den Ben Chilkiahs und schilderte ihnen meine Lage. Sie hörten geduldig zu und beteten dann mit mir.

Ein plötzlicher und heftiger Fall
Trotz alledem hatte ich den richtigen Platz noch nicht ganz gefun-

den. Ja, ich begriff noch immer nicht wirklich, was es heißt, Buße zu tun. Eines Tages gingen für mich alle Türen zu. Es wurde bedrohlich eng in meiner Welt. Ich kriegte Todesdrohungen und musste Hals über Kopf aus Jerusalem fliehen – es blieb mir nicht einmal die Zeit, meine Frau mitzunehmen. In der Tasche hatte ich 18'000 israelische Schekel. Mit diesem Notvorrat gelangte ich nach Tel Aviv. Nun wollte ich ein neues Leben beginnen, Karten spielen, Geld verdienen, ein Haus bauen, dann meine Frau und die Kinder nachziehen, meine Töchter, die noch klein waren. Kurz – ich wollte alles anders anpacken. Als Erstes trat ich in ein Café, wo sich reiche Damen die Zeit vertrieben. Ich dachte, ich würde ihnen durchs Kartenspiel einiges von ihrem Geld abnehmen. Schon am folgenden Tag ging ich einen verhängnisvollen Schritt weiter und begann, die Frauen zu betrügen. Ich war also nicht in einem neuen, sondern wieder in meinem alten Leben angekommen. In so kurzer Zeit hatte ich mich entschieden, wieder als Betrüger durchs Leben zu gehen. Ich wollte dieses Ziel erreichen, aber ich verlor alles Geld. Drei Tage später waren noch lumpige hundert Schekel in meiner Tasche. Da wurde mir bewusst: Gott spricht durch diese Situation zu mir, und zwar diesmal sehr deutlich. Auf der Allenbystraße brach ich in Tränen aus: «Jesus, vergib mir, ich gehe zurück zu meiner Frau und meinen Töchtern, jetzt will ich wirklich ein neues Leben anfangen.»

Mit meinen verbliebenen 100 Schekel kam ich zu Hause in Abu Gosch an. Wir lebten in einer Mietwohnung. Meine Beziehung zu den Ben Chilkiahs war an einem toten Punkt angekommen. Aber mein Leben änderte sich nicht von einem Tag auf den andern. Als ich eines Abends nicht zurück war, selbst nach Mitternacht noch nicht, fasste sich meine Frau ein Herz und klopfte bei Ben Chilkiahs an die Tür: «Ibrahim ist verschwunden! Er ist sicher entführt worden!» Um drei Uhr morgens stand ich dann endlich vor der verschlossenen Wohnungstür. Ich klopfte an. «Wer ist da?» – «Ich bin's, Ibrahim!» Immer noch war ich voller Angst vor den Todesdrohungen. Sie versuchte mich zu beruhigen: «Niemand beobachtet dich!» Schließlich trat ich ins Haus., aber viel mehr war nicht aus mir herauszuholen; ich sagte zu ihr: «Ich bin müde, lass uns morgen darüber reden.»

Jetzt ist mir egal, was man über mich denkt
Unruhig legte ich mich schlafen. Plötzlich kam ein Etwas über mich – ich dachte, gleich werde ich ersticken. Jetzt sterbe ich! Ich schrie: «Jesus, bitte nimm mich nicht weg, nicht jetzt, nicht in dieser Situation!» Es war ein unsichtbarer Kampf, ein geistlicher Krieg; jemand wollte mich erwürgen. Und wieder schrie ich zu Jesus. Darauf verließ mich der Geist. Ich erzählte meiner Frau, was vor sich gegangen war. Und ich fügte bei: «Jetzt habe ich keine Angst mehr, jetzt vertraue ich dem Herrn.» Ich hatte keine Bibel zuhause. Mein erster Gedanke war, in die Altstadt zu gehen und mir eine zu besorgen. Es war Sonntag, ein Araber bediente gerade in dem Buchladen. Er fragt verwundert: «Wer bist du, und was willst du?» Ich entgegnete ihm, ohne zu zögern: «Ich war Muslim, doch jetzt glaube ich an Jesus. Heute habe ich mich entschlossen, Buße zu tun und eine Bibel zu kaufen.»

Er machte sofort eine Einladung: «Um 10 Uhr gibt's ein Treffen in der Allianz-Kirche, einer arabisch-christlichen Gemeinde!» Ich begab mich dorthin, obschon es nun schon Jahre her war, seit ich eine Gemeinde besucht hatte. Während die Gemeinde ein erstes Lied anstimmte, ging gleich ein wilder Kampf in meinem Herzen los. Etwas zwängte sich aus meiner Brust, oder eher noch aus dem tieferen Bereich, dem Bauch. Dieses Etwas formte sich zu einer Stimme, zu Worten, die aus mir herauskamen. Ich begriff nicht, was hier vor sich ging. Meine Hände begannen, eigenartige Bewegungen zu machen, wie ein Vogel. Dann fiel ich zwischen den Stühlen zu Boden. Und seltsam, ich hatte das Gefühl, ich sitze auf dem Schoss von Jesus. Einige Gemeindeglieder nahmen mich aus dem Lokal und brachten mich in die Küche. Sie dachten, ich hätte Dämonen, und sie beten dann auch gegen Dämonen. Als ich später die Brüder Ben Chilkiah besuchte, berichtete ich ihnen alles, was sich ereignet hatte. Daraufhin traf ich eine meiner besten Entscheidungen. Denn wenn ich bisher ihre Gemeinde aufgesucht hatte, war ich nie lange sitzen geblieben, sondern hatte sie kurz nach Gottesdienstbeginn wieder fluchtartig verlassen. Jetzt sagte ich zu Ben Chilkiahs: «Das ist jetzt zu Ende! Ich gehöre zum Herrn, und darum fliehe ich auch nicht mehr aus seiner Gemeinde.»

Langsam begannen sich von da an Früchte meiner Entscheidung für Jesus zu zeigen, Früchte der Buße. Die Veränderungen in mir wurden sichtbar. Alle um mich her haben das gemerkt: Die Brüder, meine Frau, sogar ich selbst. Während der folgenden zwei Jahre war der Heilige Geist ständig über mir, mein Körper war wie angezündet, jeder konnte diese Ausstrahlung feststellen. Gott begann auch, direkt in mein Leben hineinzusprechen: «Jetzt ist Schluss mit den Zigaretten!» Ich muss gestehen, ich rauchte damals vier Päckchen pro Tag. Darum sagte ich meinerseits zu den Ben Chilkiahs: «Ich habe mit Rauchen komplett aufgehört, aber erst nach einem Jahr werde ich in der Gemeinde Zeugnis geben, dass ich damit aufgehört habe. Erst wenn ich auch wirklich durchgehalten habe.» Und so machte ich es dann auch. Jesus hat mich für immer von der Macht und Abhängigkeit des Nikotins befreit. Jetzt sind acht Jahre vergangen: Die Raucherwaren und die Karten sind aus meinem Leben verschwunden, ich bin völlig verändert. Alles Böse hat Jesus von mir weggenommen. Dabei gab es Dinge, bei denen es nicht leicht ging. Aber es gab auch andere Dinge, die im Nu von mir abfielen. Bis heute kann ich mir nicht erklären, weshalb der Kampf manchmal lange und manchmal nur kurz dauerte. Und dann gibt es manche Dinge, bei denen ich noch heute zu kämpfen habe.

Bekanntschaft mit dem Heiligen Geist

Seit meinem Entschluss, mein Leben ganz unter die Herrschaft Jesu zu stellen, ist nun schon ein knappes Jahrzehnt verflossen. Die Karten sind aus meinem Leben verschwunden, ich bin völlig verändert. Alles Böse hat Gott von mir weggenommen.

In der Gemeinde sagte ein Prophet zu mir: «Eines Tages wirst du außer Landes gehen können und die Botschaft und dein Zeugnis in verschiedenen Ländern verkündigen.» Ich zweifle nicht daran, dass sich dieses Wort erfüllen wird – auch wenn ich momentan über keinen Pass verfüge, nicht einmal über das so genannte Laissez-passer-Dokument, das Israel einigen Arabern gibt, damit sie in andere Länder reisen können.

Der Heilige Geist kommt über mich
Nachdem ich Buße getan hatte, zitterte ich und fiel hin. Das geschah nicht nur dieses eine Mal, sondern fast in jeder Versammlung überfiel mich wieder dieses eigenartige Zittern. Eines Tages waren wir im Kloster ins Gebet vertieft, ich stand dort in einer Zeit der Anbetung, da spürte ich den Heiligen Geist. Ich sah vor meinen Augen, wie er vorüberging. Ich spürte seine Heiligkeit, meine Tränen flossen. Es fühlte sich an wie das Erlebnis in einem Chor, wenn der Dirigent leitet. Ich spürte, wie der Heilige Geist dirigierte, und ich floss mit ihm. Ich wechselte den Sitzplatz, aber ich weiß nicht mehr, wie ich auf die andere Seite hinüberkam. Es gab auf den Seiten kleine Holztische. Im Rhythmus klatschte ich auf einen solchen, bis eine Nonne genervt sagte: «Jetzt ist es genug.»

Während längeren gemeinsamen Gebetszeiten fängt meine Hand manchmal an, sich herumzudrehen, nicht bloß eine oder zwei Minuten, sondern eine Viertelstunde lang oder mehr. Es gab viele ähnliche Phänomene wie zum Beispiel das, an welches ich mich jetzt gerade erinnere: Eines Tages bat mich Boaz, das Eingangsgebet zum Pessach-

Mahl zu halten. Ich ging ans Mikrophon, um zu beten. Da durchfloss meinen Körper ein Strom, und ich fiel zu Boden. Die andern fingen mit dem Essen an, ich lag weiter auf dem Fußboden, hatte inneren Frieden, aber keinen Appetit. Dann begann ich in Sprachen (Zungen) zu beten. Dies ist ein Erlebnis, nach welchem du nicht mehr derselbe bist. Du bist ein anderer Mensch. Diese besondere Gegenwart Gottes baut den inneren Menschen auf. Die Mitmenschen erkennen die Veränderung in meinem Gesicht. Viele Dinge sind seither geschehen, die ich teilweise bereits wieder vergessen habe. Eigentlich wünsche ich mir weiterhin solche Erfahrungen, und nicht nur mir, sondern allen Gläubigen. Denn durch solche Erlebnisse kommen wir geistlich weiter.

Zwar habe ich den Heiligen Geist nicht als Person gesehen, ich habe ihn aber gespürt. Eines Tages hatte ich Wächterdienst; ich las das Wort Gottes, ich begann zu weinen, mein Körper stand wieder wie unter Strom. Dann hatte ich den Eindruck, als ob ich schliefe und mein Kopf auf Jesus läge. Doch ich sah ihn nicht bildhaft vor mir. Besondere geistliche Erfahrungen gab es schon zu Beginn meines Glaubensweges. Meine Taufe als Achtzehnjähriger war mit einem besonderen Erlebnis verbunden: Nachdem ich aus dem Wasser gestiegen war, gab es eine Gebetszeit. Sie war noch im Gange, da kamen zwei Frauen auf mich zu und gaben mir ein Zeugnis. Eine von ihnen hatte einen Doktortitel und war die Ehefrau eines bekannten Christen. Sie kamen unabhängig voneinander zu mir, und beide sagten: «Als du aus Wasser stiegst, gab es ein Kreuz aus Licht.» Obschon die beiden sich nicht kannten – eine war eine Araberin, die andere aus den USA – gaben sie mir das gleiche Zeugnis.

Trockenzeiten, Tränen und tiefer Friede
Aber auch im praktischen Leben soll es Veränderungen geben, damit man sich nicht nur auf geistliche Erfahrungen konzentriert. Zwischen Geistlichem und Normalem, zwischen Übernatürlichem und Natürlichem braucht es ein Gleichgewicht. Aber ich wusste nicht,

wie dieses tägliche Leben zu gestalten und zu bewältigen war. Ich brauchte viele Mitmenschen, zum Beispiel solche mit Tempo-Taschentüchern, die mir die vielen Tränen abwischen konnten.

Gott gab mir viele Tränen. Es passierte in der Gemeinde, und es passierte auch sonst überall. Ich fragte Boaz, und andere, was bei mir los sei. Manche sagten: «Gott befreit dich», andere sagten: «Gott erfüllt dich mit dem Heiligen Geist». Ich liebte dieses Tränen-Erlebnis, es stärkte mich sehr. Die Tränen trockneten stets von alleine, und anschließend erlebte ich immer inneren Frieden. Die besonderen Berührungen Gottes und die Begegnungen mit ihm hören nie auf, es geht immer weiter. Manches Mal spüre ich von Gottes Geist überhaupt nichts; das kann so weit gehen, dass ich mich wie ausgetrocknet fühle. Ich habe die Brüder deswegen schon gefragt: «Warum spüre ich nichts?» Sie sagten: «Es kommt und geht, das ist so.» Es ist ein wunderbares Erleben, es reinigt, es befreit, ich werde verändert. Ich brauche nicht mehr wegzulaufen, wenn mich jemand korrigiert; dieser frühere Stolz und meine Empfindlichkeit sind seit meinen Berührungen durch den Heiligen Geist wie weggeblasen. Es ist nun ungefähr zehn Jahre her, dass diese tiefgreifenden Veränderungen bei mir einsetzten. Seither bin ich stabil, im Glauben wie auch im Charakter. Ich bin nicht mehr wie ein Kind, sondern ein Erwachsener. Ich danke dem Herrn, dass ich jetzt gefestigt bin.

Ich lerne durch ein Wunder richtig lesen und schreiben
Auch mein Lesen und Schreiben ist eine Frucht des übernatürlichen Eingreifens Gottes. Wenn ich rede und schreibe, mache ich zwar noch immer viele Fehler, die dann meine Tochter korrigiert. Sie erkennt sofort, dass ich nicht korrekt schreibe, und sagt zu mir: «Vater, so oder so muss es sein.» Die Fehler kommen daher, dass ich die Schule nur lückenhaft besucht habe. Dass ich das Lesen und Schreiben später trotzdem schaffte, wurde durch den Glauben möglich. Gott schenkte mir beides. Es half mir, dass ich immer eine leise innere Stimme hörte. So kam ich schneller voran als in einer Schulklasse.

Ich kann jetzt ohne Schwierigkeiten in der Bibel lesen, besser als andere es können. Manchmal bin ich es sogar, der andere korrigieren kann. Dass ich lesen und predigen kann, wurde durch Jesus möglich. Ich verkündige auf ganz einfache Art und Weise. Es ist nicht meine Kraft, sondern die des Heiligen Geistes.

Wenn mir jemand zuhört, merkt er, dass ich Fehler mache, aber er erkennt, dass die Wahrheit in meinen Worten ist. Von der Einfachheit kommt die Wahrheit. Wenn Gott mit uns arbeitet, beginnt er nicht bei der Intelligenz oder der Gedankenwelt. Bei uns Christen ist es umgekehrt: Die Veränderung beginnt im Herzen, dann erst erfasst sie auch die Gedanken. Zuerst geht es Gott immer um unser Herz. Menschen der Welt können das nicht verstehen, nur Gläubige. Alles beginnt von innen.

Mein Familienleben:
Araber unter Arabern

Ich hatte nie die Gelegenheit, einen Beruf zu erlernen. Aber ich habe immer wieder Gelegenheit gefunden, das Leben unserer Familie zu finanzieren, meistens mit Malerarbeiten. Lange war ich enttäuscht, dass ich keinen Beruf lernen konnte. Doch nachdem ich Jesus kennengelernt hatte, stand für mich die Nachfolge komplett im Vordergrund. Heute arbeite ich drei Tage die Woche im *Beth Avinu* («Haus unseres Vaters») und verrichte daneben verschiedenste Jobs, wie Gartenarbeit, Kochen oder das Haus putzen. Ich mache einfach alle notwendigen Hausarbeiten.

Ein Traum erfüllt sich buchstäblich bis in die Einzelheiten
Mein eigenes Haus habe ich von Gott als ein Geschenk bekommen. Lange war das ein unerreichbarer Traum. Da erbte meine Frau von ihrer Familie ein Grundstück. Zuerst lebten wir im Wohnwagen, den Ben Chilkiahs und die Gemeinde auf das Grundstück transportieren halfen; wir fingen bei null an, ohne Strom und Wasser. Erst nach drei Jahren erhielten wir von den Behörden die Bewilligung für Wasser und Strom. Schon das war ein Wunder. Dann bekamen wir sogar eine Baubewilligung. Das nötige Geld erhielten wir von der Gemeinde und von einzelnen Brüdern. Jetzt, wo die Bewilligung vorlag, kam die Familie meiner Frau plötzlich mit einer interessanten Idee: «Wir werden euer Haus bauen. Dafür gebt ihr uns die Hälfte des Grundstücks. Auf diesem Teil können wir dann selbst auch ein Haus errichten.» Ich dachte darüber nach und sagte schließlich zu meiner Frau: «So kommen wir ja gratis zu einem Haus!» Auf diese Weise ging unser großer Traum in Erfüllung. Doch ich möchte anfügen: Für jeden einzelnen Schritt haben wir mit Ben Chilkiahs gebetet.

Etwas Besonderes ist noch dabei: Schon vor der Heirat sagte ich zu meiner Frau: «Eines Tages werden wir auf einem Bergrücken ein

Haus besitzen.» Ich habe für sie eine Zeichnung angefertigt, wie alles aussehen würde. Dann fügte ich bei: «Es werden Pferde zu uns kommen.» Jahre später bemerkte ich, dass der Nachbar Pferde hat. Sie kommen sogar auf unser Grundstück. Nach vielen Jahren hat sich der Traum bis in Einzelheiten erfüllt.

Es ist zwar ein kleines Haus, aber jeder, der es sieht, denkt, es sei eine Villa. Denn es steht mitten in einer Wohngegend mit größeren Häusern. Das zu sehen ist verblüffend. Unser Haus steht dort wie ein Eingang zu der Wohngegend mit den Nobelhäusern. Natürlich ist zweitrangig, wie ein Haus aussieht. Was zählt, ist der große Segen, den uns der Herr gegeben hat. Die Menschen können daran erkennen, was Gott für uns getan hat.

Etwas zu meinen Töchtern
Während unsere drei Töchter zur Welt kamen, und auch in den folgenden Jahren, stand es finanziell und beim Familienleben schlecht um uns: Ich hatte keinen Lohn und war noch dem Kartenspiel verfallen. Als sich die Situation verschlimmerte, wurden uns die drei Töchter vom Sozialdienst weggenommen. Ich blieb mit meiner Frau allein in einem kleinen Zimmer zurück. Zuletzt kamen meine Töchter in ein Kloster zu Ordensschwestern. Als ich dann über mein sündiges Leben gründlich Buße getan hatte, begann ich mich um die Töchter zu kümmern. Ich wollte sie nach Hause holen, was mir schließlich gelang. Mittlerweile waren sie 20, 18 und 17 Jahre alt. Drei Jahre waren sie von uns weg gewesen. Der Kontakt hatte zwar stets bestanden; ich besuchte sie zweimal pro Woche. Auch meine Frau war um genügend Kontakt bemüht. Heute habe ich eine sehr gute Beziehung zu meinen Töchtern.

In der arabischen Kultur werden die Töchter durch ihre Väter verheiratet. Ich kann mich diesbezüglich nicht festlegen; wer sich mit wem verheiraten wird, kann ich nicht voraussagen. Bezüglich der Hochzeiten vertraue ich Jesus. Meine Töchter besuchen von Zeit zu Zeit die Gemeindeveranstaltungen. Sie sind gläubig, aber nicht Mitglieder. Ich habe versucht, für sie Kontakt mit Gläubigen einzufädeln. Aber ich kann es auf menschliche Art nicht erreichen. Auch fehlt das Interesse der Gemeinde für meine Töchter. Nur die Brüder aus der Gemeinschaft der Versöhnung (GDV) von Marcel Rebiai haben Versuche unternommen, meine Töchter zu integrieren; das war das Einzige. Auch wenn meine Töchter noch nicht fest in einer Gemeinde sind, glauben sie doch an Jesus. Ich gehe davon aus, dass sie sich taufen lassen werden.

Ich liebe meine Töchter sehr. Was Gott mir gab, empfing ich mit Freude. Ja, ich bin froh, dass ich Töchter habe. Meist ist es bei Arabern umgekehrt. Vor allem auf ihre Söhne sind sie stolz. Mein Gebet war von Anfang an, dass ich Töchter bekomme. Denn die machen weniger Probleme. In der arabischen Kultur hat man es mit Töchtern leichter. Sobald ein Sohn groß wird, verlangt er, dass man ihm dies und das bezahlt oder gibt. Töchter sind viel weniger fordernd.

Die zweite Tochter hat sich noch nicht entschieden, was sie studieren will, die dritte Tochter möchte Journalistin werden. Jeder Tag ist besser als der vorangegangene. Die Töchter werden groß, die Belastung durch die Kinder nimmt ab. Ich danke dem Herrn. Ich stelle fest, wie manche Menschen beim Älterwerden mehr Probleme bekommen – bei mir ist es das Gegenteil.

Gläubige in unsern Familien

In der Familie meiner Frau gibt es noch andere Gläubige. Zwei Töchter meines Schwagers sind mit Gläubigen verheiratet, und sie selbst sind auch gläubig. Auch in meiner Familie gibt es die – interessanterweise, ohne dass es auf meinen Einfluss zurückzuführen wäre. Einem Sohn meiner Schwester ist Jesus im Traum begegnet. Daraufhin wurde er gläubig; das ist ein großes Wunder. Als er später davon Zeugnis gab, wurde er von Verwandten auf Seiten der Frau heftig verprügelt. Deshalb trennte er sich von seiner Frau, es kam leider zur Scheidung. Später verheiratete er sich mit einer gewesenen Muslima, die jetzt im Glauben unterwegs ist.

Es braucht viel Gebet für unsere Familie und besonders für die gläubigen Töchter. Zum Beispiel brauche ich viel Weisheit, wie ich sie über den Glauben lehre. In ihrem Alter hatte ich den Herrn schon angenommen. Ich glaube, dass sie Jesus nachfolgen werden. Sie haben dieses Verlangen, aber in dieser Welt haben sie es nicht leicht. Zumindest unsere Welt hier im Nahen Osten hat sich in den letzten vierzig Jahren drastisch verändert. Jedermann hat sein Handy und surft im Internet, alle Informationen haben in einer Hosentasche Platz.

Man mag sich fragen, wie ich in dieser Umgebung mutig und standhaft ausharren kann. Doch um ehrlich zu sein: Ich kenne die Angst, dass sich eines Tages alle gegen mich wenden könnten, die Araber, die Muslime, weil ich mitten unter ihnen lebe. Manche Leute grüßen mich nie. Warum? Weil ich für sie ein abgefallener Muslim bin, ein Verräter ihres Glaubens. Es kamen sogar einige Scheiche zu meiner Frau und sagten zu ihr: «Es ist verboten, mit einem Christen verheiratet zu sein.» Aber meine Frau stand unerschütterlich zu mir, das beruhigte alles. Es gibt Zeiten, in denen die einflussreichen Muslime mich gezielt demütigen; dazu benutzen sie die Nachbarn. Die streuen negative Gerüchte über mich oder werfen mir Anschuldigungen direkt ins Gesicht.

Langsam wendet sich das Blatt
Die Eltern meiner Frau mochten es natürlich nicht, wenn ich über meinen Glauben mit andern sprach. Sie gaben mir zu verstehen: «In Abu Gosch solltest du nicht über Isa (Jesus) sprechen, außerhalb magst du es unseretwegen tun.» Meine Antwort? «Ich spreche auf der Straße niemanden auf den Glauben an, aber wenn sie zu mir kommen und mich sogar fragen, dann gebe ich Zeugnis.» Rückblickend kann ich sagen: Ich danke den Herrn, dass ich nicht mehr soviel Angst habe wie früher. Langsam bessert sich die Beziehung zu den Leuten um mich herum. Ich erhebe mein Haupt – ich habe einen guten Namen bekommen.

Ein guter Name ist in der arabischen Kultur das A und das O. Du bekommst Ehre, du kannst Achtung genießen, du findest gute Beziehungen. Hast du aber einen schlechten Ruf, so ruiniert das auch die Beziehungen. Mag sein, dass jemand zwar einen guten Namen hat, aber wegen seines Glaubens verachtet wird. Das hat dann nichts mit einem schlechten Lebenswandel zu tun, sondern bloß mit seinem Glauben an Jesus. Über solche Demütigungen freue ich mich, weil sie meines Glaubens wegen geschehen. Das kommt von Zeit zu Zeit vor. In diesem Fall brauche ich immer viel Weisheit, wie ich mich konkret verhalten soll. Meine Tante lebt in der Schweiz. Ihre fünf Töchter haben keine Beziehung zu uns, weil wir an Jesus glauben. Wir sahen sie erst an der Beerdigung meiner Mutter. Im Judentum ist nach meinen Beobachtungen vieles sehr ähnlich. Unter Arabern kann es soweit kommen, dass Jesusgläubige umgebracht werden; unter Juden werden Beziehungen zu messianischen Verwandten oft abgeschnitten. Für beide, Juden wie Araber, ist es sehr schwierig, von der Familie ausgeschlossen zu werden, wesentlich härter als für Europäer, deren Familienbande seit Generationen nicht mehr so eng sind.

Begegnung mit einem Drogenabhängigen
Wir brauchten einen Fachmann zur Reparatur des Wohnwagens. Die Eltern meiner Frau kannten jemanden, der zwar nicht viel Geld forderte, weil er Drogen nahm, aber die Sachen ebenso gut reparieren konnte. Er arbeitete jeweils für seinen nächsten Schuss. Ein Fachmann kostete 400 Schekel, doch dieser versprach es für 200 zu richten. Ich willigte ein: «Gut, lasst ihn mal kommen, ich schau mir an, ob er etwas kann.» Er nahm die Arbeit an die Hand, und sofort empfand ich mit ihm ein tiefes Mitleid. Nach der Probezeit lud ich ihn ein; zunächst sprach ich nicht über Jesus. Ich teilte mit ihm das Essen und redete mit ihm wie mit einem Freund. Meine Frau rügte mich: «Was machst du da – abends so einen Typen ins Haus lassen? Was werden meine Eltern und Nachbarn sagen?» Ich entgegnete: «Das interessiert mich nicht. Dieser Mann braucht Hilfe, ich will sie ihm geben.»

Er arbeitete etwas mehr als einen Monat. Im Verlauf dieser Zeit fragte ich ihn: «Was machst du mit deinem Leben? Alles Geld, das du verdienst, verbrauchst du am selben Tag, und am nächsten Tag beginnst du von vorne. Deine Frau hat dich verlassen, du schläfst irgendwo draußen, dein Rücken ist gebeugt.» Dann fügte ich noch bei: «Es gibt eine Antwort. Wenn du glaubst, was ich dir sage, so gibt es eine Antwort.» – «Und wie soll die sein?» – «Glaube an Jesus, fang an zu beten, er wird dir Hilfe geben.» – «Was muss ich tun?» – «Lass uns beten, bet einfach meine Worte nach.» Auf diese Weise nahm der Drogensüchtige den Herrn an, bat um Vergebung seiner Sünden und bat, dass er ihn aus diesem Schlamassel herausbringe. Es war ein denkwürdiger Moment. Dreizehn Tage später sah ich ihn wieder, er war solange weggeblieben. «Warum bist du nicht mehr aufgetaucht?» Darauf er: «Nachdem du mit mir gebetet hast, saß ich in dem Zimmer, wo ich schlafe. Ich ging zwölf Tage nicht raus und nahm in dieser Zeit keine Drogen; verzeih mir, es war noch etwas Geld da, und damit kaufte ich mir anschließend wieder Drogen. Aber Jesus half mir, zwölf Tage frei zu sein.» Ich fragte ihn: «Warum hast du nach diesem Erfolg doch wieder Drogen genommen?» – Er sagte: «Ich weiß nicht.»

Dann erzählte ich ihm von Ben Chilkiahs, und sie fanden für ihn einen Platz für die Rehabilitation. Schließlich kam er nach Haifa ins *Beth Nizachon* («Haus des Sieges») der Karmel-Gemeinde. Für seinen Aids-Test musste ich alles vorbereiten, dann begleitete ich ihn dorthin. Er blieb ein Jahr in dieser Institution, veränderte sich sehr zum Guten, wurde von Drogen und Zigaretten frei, ging zurück zu seinen Eltern, endlich zurück zu seiner Frau. Dann aber geschah etwas, was mir sehr weh tat: Er brach die Beziehung zu mir ab. Ich wusste nicht weshalb. Es fiel auch mir schwer, ihn zu grüßen. Die meisten Leute wissen, dass ich ihm geholfen habe, im Namen Jesu zu beten. Unterdessen ist sein Rücken gerade geworden, er ist gesund. Mindestens in Abu Gosch kennen die Leute die Geschichte dieses Mannes, aber sie blenden die Tatsache aus, dass seine Veränderung im Namen Jesu geschah. Ich bete, dass noch viele solche

Geschichten geschehen und dass er selbst im Glauben weiterkommt. Die Brüder Ben Chilkiah kennen ihn, das tröstet mich darüber, dass ich selbst heute mit ihm keine Verbindung mehr habe.

Ich bitte Gott darum, dass dieser ehemalige Süchtige wieder einen freundschaftlichen Kontakt zu mir knüpft. Ich bin in Verbindung mit seinem Bruder; der ist ein einfacher, guter Mensch. Er kommt zu mir, wir sitzen beisammen, ich habe ihm schon mein Zeugnis von Jesus gegeben. Etwas hält ihn vom entscheidenden Schritt noch zurück. Wenn er doch gläubig ist, gibt es kein äußerliches Zeichen dafür. Was ich tat, habe ich mit dem Herrn getan, das gibt mir sehr viel Mut.
Der besagte Mann wohnt jetzt wieder in Abo Gosch; er hat in wenigen Monaten selbst ein Haus gebaut, denn er ist ein Selfmademan, sehr praktisch und geschickt. Mit seiner Frau ist er wieder zusammen, als Muslima lebt sie noch ganz in ihrer angestammten Religion. Sein Bruder soll ihn geschlagen haben. Ich kenne den Grund nicht. Nur Gott weiß es. Ich bin sein geistlicher Vater. So habe ich die Pflicht, zu beten, dass der Feind ihn nicht vom Weg abbringen und von der Herde stehlen kann.

Ich bleibe an meinem Ort, ich lebe bei den Menschen, unter denen ich aufgewachsen bin, und bekenne den Namen Jesu dort, wo ich lebe. Dieser Weg verlangt viel von mir. Dass ich es tun kann, ist Gnade. Gott hat mir diese Bereitschaft ins Herz gegeben, ich danke ihm dafür. Die Leute in meiner Umgebung wissen, an wen ich glaube. Gegenwärtig machen sie mir keine Schwierigkeiten. Ich sage zu den Muslimen: «Ich bin einer von euch, ich freue mich, wenn ihr euch freut, ich leide, wenn ihr leidet.» Und ich sage immer: «Gott hat mir etwas gegeben, keiner kann es mir nehmen. Ich hatte das Privileg zu wählen. Keiner kann mir vorschreiben, was ich zu glauben habe und was nicht. Jeder kann wählen!!» – Wenn jemand mir diese Freiheit wegnehmen will, so kommt ein solcher Versuch nicht von Gott. Der Islam gibt nicht Freiheit, sondern er nimmt sie weg. Deshalb sage ich: Er ist nicht von Gott.

Maryams letzte Tage

Eine schonungslose Nachricht
Unsere ganze Familie erhielt im Juni 2015 eine Einladung von der katholischen Wegbereiter-Kommunität in Tiberias. Das waren zwei wundervolle Tage. Doch wie sie wieder zuhause war, verspürte Maryam große Schmerzen in der Seite. Im Spital zeigte die Untersuchung mit Ultraschall, dass es sich um Leberkrebs handelte. Der Arzt teilte mir diese Diagnose nach einer halben Stunde in schonungsloser Direktheit mit. Ich ließ das so nicht stehen und fragte den Arzt: «Wie können Sie so hart reden?» Der Arzt meinte, dies sei nun mal die Wahrheit; zumindest zu neunzig Prozent handle es sich um Leberkrebs. Das war eine schwere Situation. Die nächste halbe Stunde lag ich auf dem Boden und konnte nur noch weinen. Dann ging ich zu Maryam, doch ich wusste nicht, was ich ihr sagen sollte. Ich trat an ihr Bett. Der Arzt kam ins Zimmer. Ich hielt ihn sofort auf und bat ihn eindringlich, ihr nichts zu sagen. Als er gegangen war, fragte sie mich nach dem Resultat der Untersuchung. Zuerst konnte ich nicht sprechen und verließ das Zimmer. Aber dann fasste ich Mut, ging wieder hinein und sagte zu ihr: «Die Ärzte meinen, es könne Krebs sein. Aber ich teile diese Meinung nicht.» Maryam verstand sofort, worum es ging. «Bitte sprich du mit den Ärzten, ich kann nicht.»

Eine Weile blieb sie im Spital; alles wurde untersucht. Und kaum war sie zuhause, wurde ein erneuter Spitaleintritt unumgänglich. Wieder all die Untersuchungen. Jetzt stellte sich heraus, dass es sich um Milzkrebs handelte, der auf die Leber übergriff. Leider ein Krebs im letzten Stadium. Es hieß, dass Maryam nicht mehr lange leben werde. Alles ging Schlag auf Schlag; uns blieb gar keine Zeit zur Vorbereitung. Ich setzte mein ganzes Vertrauen auf den Herrn: Er wird sie heilen! Ich verbrachte viel Zeit im Gebet. Damit sie möglichst stark und standhaft bleiben könne, hielt ich viele Informationen zurück.

Nun traten Komplikationen auf: Die Galle war verstopft. Es gab aber die Möglichkeit, durch eine Operation diesen Engpass zu beseitigen, allerdings ohne Gewähr. Da es sich bis zum sicheren Tod nur noch um Tage handelte, entschieden wir uns, die heikle Operation zu wagen. So hofften wir zumindest auf eine Verlängerung ihres Lebens. Maryams Familie war gegen dieses Vorgehen. Alle gingen sie davon aus, dass sie den Eingriff nicht überleben würde. Aber nachdem ich nochmals mit ihr gesprochen hatte, willigte sie in die Operation ein. Der Tag kam, sie wurde operiert. Banges Warten: Wird sie überleben?

Noch keineswegs die dunkle Nacht, sondern ein Sonnenaufgang
Nachdem sie aufgewacht war, rollte man sie wieder ins Zimmer. Sie sagte, sie fühle sich besser, wenn auch sehr schwach. Ich dachte bei mir: «Vielleicht ist das doch nun schon das Ende?» Das bewog mich, ihr die Wahrheit nicht mehr zu verheimlichen. «Maryam, du hast Krebs.» Es war Freitag, *Kabbalat Schabbat*, wie man es nennt. Ich nahm sie aus dem Spital und brachte sie zu Ben Chilkiahs, zusammen mit einem Bruder, der das Auto fuhr. Es war verboten, sie aus dem Spital zu nehmen; ich habe es trotzdem getan. Denn ich wollte unbedingt, dass sie zu Gläubigen käme, damit sie für meine Frau beten konnten. Ich erzählte der Gemeinde unter Tränen die ganze Geschichte. Darauf begann die Gemeinde, heftig für Maryam zu beten. Als Folge davon wurde sie zwar nicht geheilt, aber etwas viel Wichtigeres und Schöneres geschah: Maryam nahm Jesus als ihren Erlöser an. Im Verborgenen hatte sie schon länger an Jesus geglaubt. Aber offen hatte sie es nie zu sagen gewagt, aus Angst vor den Verwandten. In diesem Moment öffnete sie ihr Herz, betete und gab ihr Leben ganz dem Herrn. Die Gemeinde war über diesen Schritt sehr glücklich und unterstützte meine Frau und unsere Familie weiterhin intensiv im Gebet.

Die Ärzte sagten zwar, ihr bliebe nur wenig Zeit. Aber wir glaubten, dass Jesus sie heilen konnte. Sie akzeptierte nun jeden nächsten Schritt, vertrauensvoll wie ein kleines Mädchen. Ich sagte zu ihr eines Tages: «Maryam, du solltest dich taufen lassen.» Sie kam nun regelmäßig zur Gemeinde, auch unter starken Schmerzen. Und wirklich, bald ließ sie sich auch im Jordan taufen. Sie konnte zwar selbst nicht mehr auf ihren Beinen stehen. Außerdem verhinderte die Infusion, dass sie mit dem ganzen Körper untertauchen konnte. Aber das sind nur Details. Alles, was zählt, ist, dass sie diesen Schritt gemacht hat. Gott sei Dank! Sie hatte ja ständig Angst vor ihrer Familie, und auch bezüglich der Taufe sagte sie zur Familie nichts. Wir gingen zurück zum Spital, weitere Untersuchungen standen an. Laut den Ärzten ging es noch um Stunden, allenfalls Tage.

Religionskrieg am Sterbebett
Maryams ältere Schwester erkundigte sich beim zuständigen Arzt. Der sagte, ihre kranke Schwester habe nur noch Stunden zu leben. Sie nahm dies zum Anlass, ihr aus dem Koran vorzulesen. Ich begann sofort, im Namen Jesu gegen diesen Geist des Islam zu beten. Die drei Töchter kamen zu Hilfe und wollten die ungelegene Tante aus dem Zimmer werfen. Aber die widerstand, und sie vermochten es zuerst nicht. Ich wandte mich an die Ärzte und war sogar bereit, nötigenfalls beim Spitalleiter vorzusprechen. Es wurde nötig, und ich drohte ihm, falls er kein Zutrittsverbot für diese Familie ausspreche, würde ich meine Frau eigenhändig aus dem Spital nehmen und in ein anderes verlegen. Die Diskussion war laut geworden, und so tauchte der Sicherheitsdienst des Spitals auf. Ein solcher Konflikt war hier noch nie aufgetreten, zwei Familien, eine mit der Bibel, die andere mit dem Koran – und beide wollten die Patientin auf ihrem letzten Weg begleiten mit dem Kostbarsten, was sie hatten: mit ihrem Glauben, und gleichzeitig wollten sie den Glauben der Andern von ihr fernhalten. Das Spital musste eine rechtliche Lösung für einen Fall suchen, den niemand hatte kommen sehen. Wie würde diese Lösung aussehen?

Ganz einfach: Der Ehemann hat das letzte Wort. Der Spitalleiter fragte mich: «Was willst du, das wir tun sollen?» Die Schwester und die übrigen Verwandten bekamen täglich fünf Minuten Besuchszeit, durften aber während dieser Zeit weder beten noch Allahs Namen anrufen. Damit waren sie schließlich einverstanden. Diese Regelung wurde an der Türe angeschrieben. Bestimmt wollte die Familie das umgehen. Doch die Security sorgte dafür, dass das Schild an der Tür blieb und die Anordnung eingehalten wurde. Denn die ältere Schwester kam immer wieder und versuchte mit allen Mitteln hereinzukommen. Ich blieb aber Tag und Nacht bei meiner Frau.

Der Arzt sprach nur noch mit mir. Immer wieder hieß es: «Sie lebt nur noch ein paar Stunden.» Die ältere Schwester rief die ganze Familie zusammen. Ich aber hatte immer noch Hoffnung auf eine Heilung in mir. Die ganze Nacht wartete die Familie darauf, dass der Tod eintreten würde. Sie sahen aber keine erloschenen Augen, sondern Maryam, die entspannt lächelte. Am Morgen ging ich rasch heim, um mich zu waschen; darauf fuhr ich zum Spital zurück. Die gläubigen Geschwister taten in dieser ganzen Zeit für meine Frau Fürbitte. Eines Abends sagte der Arzt nach einer weiteren Untersuchung: «Wir haben alles getan, was wir konnten. Das Verdauungssystem und der Blutkreislauf sind ausgestiegen, sie kann nicht mehr leben.»

Die Schlangen fliehen, Jesus erscheint
An diesem Abend erhob ich mein Gebet zum Herrn. Maryam sagte mit schwacher Stimme: «Sie kommen, sie kommen, sie kommen.» Ich fragte: «Wer?» – «Schlangen kommen!» Ich wusste: Das ist Satan. Im Namen und unter dem Schutz Jesu betete ich etwa eine halbe Stunde. Dann bemerkte ich: Sie hat Frieden, und ihre Augen lachen befreit. Die Schlangen sind weg. Ich erholte mich ein wenig von diesem geistlichen Kampf. Der Urin tröpfelte. Die Schwestern kamen, und eine sagte: «Unglaublich! – das System arbeitet wieder!» Die Ärzte eilten herbei und konnten es nicht glauben. Ich erklärte ihnen: «Jesus hat ihr Leben gegeben, er hat sie geheilt.»

Im Verlauf des nächsten Tages kam sie ganz ins Leben zurück. Sie sprach sogar: «Ich will heim.» Die Ärzte aber hatten für diesen Tag einen andern Plan und wollten eine Chemotherapie beginnen. Ich wusste nicht, was tun. Alle, ihre Familie, die Ärzte und auch wir selbst waren verwundert, dass es ihr besser ging. Dieser Zustand hielt zehn Tage an. Darauf stellte ich fest, dass sich ihr Zustand wieder verschlechterte, und diesmal war ich gewiss: «Das ist das Ende.» Ich begann zu verstehen, weshalb der Herr ihr diese Zeit noch gegeben hat. Sie musste die Angst vor ihrer Familie noch überwinden. In einem nächtlichen Gespräch mit ihr wurde mir alles klar.

In jener Nacht sagte sie zu mir: «Ich habe Jesus gesehen. Er reinigte die Spitalzimmer mit Wasser.» Nach einer Weile fügte sie bei: «Jesus ist immer bei mir.» Ich entgegnete: «Maryam, wenn deine Familie dich fragt, musst du ihnen sagen, du glaubst an Jesus.» – «Das ist nicht leicht: Meine Familie sagt mir immer, Maryam, es gibt ein Geheimnis zwischen dir und uns: dass du eine Muslima bist. Obwohl du mit einem Christen verheiratet bist, bist du in Wirklichkeit eine Muslima.» Ich ermutigte sie: «Glaube das nicht! Wenn sie von Geheimnis sprechen, so stimmt das nicht. Sage ihnen, du gehörst deinem Mann, unterstehst ihm und glaubst, was er glaubt.»

Das geheime Siegel ist gebrochen
Daraufhin wagte Maryam, ihrer Familie zu bezeugen, dass sie an Jesus glaubte. Damit war aber der Konflikt noch nicht vorbei: Die Töchter von Maryams älterer Schwestern fühlten sich mit ihrer Tante Maryam sehr verbunden. Das verleitete sie zu der verzweifelten Aussage: «Wenn du also an Jesus glaubst wie dein Mann, dann sollst du sterben.» Damit sprachen sie einen Todesfluch über ihr aus. Daran erkannte ich, dass es zwischen meiner Frau und ihrer Familie keine Geheimnisse mehr gab. Ich sagte es ihnen auch: «Ihr seht ja selbst, es gibt hier keine Geheimnisse mehr. Denn meine Frau hat euch selbst gesagt, dass sie an Jesus glaubt.» So hat Maryam die Befreiung von ihrer Menschenfurcht erlebt und die Angst vor der eigenen Familie verloren. Auf diesem Weg fand sie tiefen Frieden und Geborgenheit bei Gott. Nach diesen Ereignissen hat die Familie sie in Ruhe gelassen.

Deshalb kann ich auch gut nachvollziehen, weshalb der Herr sie noch zehn Tage am Leben erhielt. In ihrem Leben sollte etwas Wichtiges zur Vollendung kommen. Jesus hat diese Mauer, dieses Bollwerk der Angst in ihr noch zerstört. Ich konnte sie darin bestätigen: «Du bist jetzt für immer von dieser Angst befreit.» Nach ein, zwei Tagen ging es meiner Frau wieder schlechter. Es war nicht mehr daran zu denken, sie nach Hause zu nehmen. Zwar hatte ich schon ein Zimmer für die Krankenbetreuung eingerichtet, und das freute sie auch. Doch ihre gesundheitliche Lage verschlechterte sich zusehends. Ich war auf alles vorbereitet, denn ich wusste nun: Der Herr hat alles getan, was er für sie tun wollte. Am Donnerstag, den 25. November 2015, um halb sechs Uhr abends ist sie gestorben. Ein Bruder aus der Gemeinde und ich waren bei ihr. Ihre Familie bestand dann auf einer muslimischen Beerdigung. Das war mir keinen neuen Streit wert. Was für mich zählte, war die einzigartige Erfahrung der Kraft und des Sieges Jesu im Spital, als die Mächte des Islam um die Seele meiner Frau kämpften. Eine Geschichte, die es so fast nur in Israel geben kann.

Teil II Versöhnte Gemeinde
Die Gemeinde wird meine Berufung

Eines Tages geht mir ein Licht auf
Zurück zur Gemeinde der Ben Chilkiahs: Nicht wegen den beiden, sondern von Gott her spürte ich: «Hier soll ich sein, dies ist mein Platz.» Diese Führung Gottes hat damit zu tun, dass ich ein Araber bin und diese Gemeinde eine jüdisch-messianische Gemeinschaft ist. Aber genau dies ist ja der Punkt: Gott hat es mir auf Herz gelegt, dass Juden und Araber in Jesus eins werden. Das wird für die Welt ein Hoffnungslicht geben: In Jesus sind wir eine Einheit.

Was der jüdische Bruder hat, das hat er auch für mich, und was ich als der arabische Bruder habe, das habe ich auch für ihn. Doch das alles ist nicht immer so einfach. Oft habe ich erlebt, wie ich vor einer Mauer der Ablehnung stand. Mit Ben Chilkiahs hatte ich kein Problem. Doch was ich vonseiten anderer Gemeindeglieder manchmal spürte, kann ich nicht so genau beschreiben. Ich kann auch nicht ermessen, ob dies nur mein persönlicher Eindruck war. Aber ich spürte: Man nimmt mich nicht auf, weil ich ein Araber bin. Immer fühlte ich diese Distanz zwischen ihnen und mir. Das Unwohlsein bis hin zu einem Gefühl der Ablehnung wurde für mich mit der Zeit zu einer Versuchung – der Versuchung, diese Gemeinde zu verlassen. Eines Tages erlag ich ihr: Ich ging. Die Ablehnung war nicht der einzige Grund, es gab auch immer noch Sünde in meinem Leben. Immer wenn ich Buße tat, kam ich für ein Weilchen wieder in Gemeinde zurück. So ging das hin und her, bis mir eines Tages ein Licht aufging.

Ich begriff: Ich muss in dieser Gemeinde bleiben, egal ob man mich anerkennt oder nicht. Gott will, dass ich hier bin, ich werde mich nicht mehr daran stoßen und darüber beschweren. Doch wie schaffe ich das? Ich legte mir einen Weg zurecht und sah, dass ich bei mir selbst anfangen musste. Ich wollte den ersten Schritt machen. «Ich werde jeden liebhaben; alle in der Gemeinde sind meine Freunde. Ich werde von diesem positiven Weg nicht mehr abweichen, sondern vorwärtsgehen, in der Hoffnung, das Ziel zu erreichen: Ich will als Araber mitten unter Juden und in Einheit mit den Juden leben.» Denn das war es, was ich auf dem Herzen hatte und lebenslänglich habe. Wenn ich zurückblicke, so sehe ich ein Wunder. Nur durch Jesus war es möglich, denn er hat mich den Händen von Brüdern anvertraut, wie Jachin und Boaz es sind. Sie waren die richtigen Begleiter auf diesem langen Weg, denn sie sind immer zu mir gestanden.

Aus der Sicht des Gemeindeleiters Boaz Ben Chilkiah: *Im Gebet empfing ich ein Wort aus 1. Samuel 1: Die kinderlose Hanna wurde auf verzweifeltes Bitten hin schwanger und brachte den Sohn Samuel zur Welt. Sie sprach: «Um diesen Sohn habe ich immer gebetet.» Ich legte dieses Bibelwort als eine Ermutigung aus, für Ibrahim zu beten und zu glauben. Für mich, Boaz Ben Chilkiah, war dieses Wort eine große Hilfe, ein prophetischer Hinweis. Denn von nun an sahen mein Bruder und ich nicht mehr darauf, wie die Dinge liefen, sondern wir hielten an der Verheißung fest: Es wird bei Ibrahim zu einer Geburt, oder eben Neugeburt, kommen. Für uns war es schon vorher so gewesen, und nach diesem Eindruck aus der Geschichte von Hanna erst recht: Wir hatten Glauben für eine Wende in Ibrahims Leben und wir spürten eine Verantwortung für ihn, die wir auch wahrnahmen. Das kam nicht alles auf einmal. Es gab Zeiten, wo wir wenig zusammen waren, da konnten wir das Ende dieses Abenteuers noch nicht abschätzen. Denn unter uns wusste niemand, wie man sich mit Arabern befreunden kann. Es gab in der messianischen Gemeinde keinen Erfahrungswert, keine Beispiele.»*

Menschliche Versuche bleiben fruchtlos, es braucht den «neuen Menschen»
Der einzige Weg, zueinander zu finden, ist Jeschua. Ohne Jesus sind

solche Bemühungen von persönlichen Interessen geleitet, oder sie stellen den Versuch dar, auf menschliche Weise Frieden zu schaffen. Letztlich wird jedes solche Vorhaben scheitern. Es gleicht dem Schnee in der Märzensonne. Wenn ein Araber in seinem Herzen an Jesus glaubt, wird er sich zuerst nicht für die Juden öffnen. Für ihn beginnt es damit, dass er alle Menschen liebgewinnt. So ging es mir, als die Liebe Gottes in mein Leben kam. Ich sah Menschen unter dem Fluch Ihrer Sünden sterben, und ich wollte ihnen die Botschaft weitergeben, die sie aus dem ewigen Tod zu führen vermag, im Namen Jesu. Ich bekam für sie eine tiefe Liebe.

Gleichzeitig bestätigte auch ein Wort Gottes diesen Auftrag – für mich damals und auch jetzt noch eine große Herausforderung: »Liebt eure Feinde, segnet solche, die euch verfluchen und sogar verjagen.» Ich habe es wörtlich aufgefasst und verstanden. Und so habe ich alles vergeben und vergessen, was geschehen ist: Auch wenn Juden unser Land genommen haben, habe ich es diesen Juden vergeben, genauso wie es steht: «Das Alte ist vergangen, ich mache alles neu,» 2. Korinther 5,17. Wenn ein Mensch neu geboren ist, dann ist auch wirklich alles neu. Da gab es viele Bereiche, besonders diesen Versöhnungsbereich, wo ich feststellte: Jesus muss in mir wachsen; der neue Mensch ist so gut ausgerüstet, dass er zum Vergeben und Brückenbauen fähig ist. Auf diesem Fundament können wir Araber mit den Juden zu einer echten Familie zusammenwachsen.

Wenn jemand beginnt, das Wort Gottes zu lesen und sich auf dieses Wort konzentriert, ohne sich von der gegenwärtigen Politik und von politischen Gedanken beeinflussen zu lassen, so kann er den Plan Gottes für das Volk Israel erkennen. Wer die Bibel unvoreingenommen studiert, lernt die vielen Prophezeiungen kennen, die unser Vater Abraham für sich und seine Nachkommen, das Volk Israel, erhielt. Diese Prophezeiungen reichen bis zu jenem letzten Wendepunkt, dem Endpunkt der Geschichte, wo Israel erlöst wird. Es gibt einen Plan für das Volk Israel. Ich glaube, dass dieses Volk das erwählte Volk ist. Letztlich werden alle Gläubigen aus den Nationen zu diesem erlösten Israel hinzukommen, und sie werden an Israel Anteil haben, wie die wilden Zweige, die gemäß Römer 11 auf den edlen Ölbaum aufgepfropft wurden. Früher konnte ich dies alles nicht verstehen, im Gegenteil: Israel war für mich ein Albtraum, etwas, was ich hassen musste. Das war die Prägung des alten Menschen – doch jetzt bin ich in Jesus Christus «der neue Mensch», jetzt lebe ich nicht mehr unter Fluch und Gericht, unter Rache und Vergeltung, unter Angst und Hass, ich lebe unter Gottes Gnade und Segen. Dieser Weg baut auf und zerstört nicht. Der alte Weg war immer zerstörerisch. Wir lebten unter Tod und Gericht Gottes, oft mit einem Fuß schon im Grab. Das ist der große Unterschied.

Ein Schleier liegt auf beiden Seiten
Ich habe diese Umwandlung an mir selbst erlebt, den tiefen Gesinnungswandel. Unter Arabern geschieht das eher selten. Und ich frage mich für meine arabischen Geschwister und Freunde: Was sind die Voraussetzungen, dass es auch bei vielen andern Arabern soweit kommen kann, sie aus der Teufelsküche von Hass, Vergeltung, Angst und Gericht herauskommen und den Gott des Friedens in Jesus Christus finden, den Sar Schalom, wie es in Jesaja 9 heißt? Beide, Araber und Juden, haben einen Schleier auf den Augen. Davon braucht es Befreiung. Wenn es keine Offenbarung von Gott gibt, so können beide nicht erkennen, was Friede ist und wie er in die Welt kommt. Beide brauchen Offenbarung von Gott, Salbung von unserem Vater durch den Heiligen Geist; ohne ein solches Eingreifen gibt es keine Hoffnung. Alles andere ist Lüge und Verfälschung. Jeder menschliche Versuch, die beiden Seiten zusammenzubringen und zu versöhnen, gelingt nicht. Es entsteht nichts, was bleibt. Nur Jesus kann es. Er ist der Schlüssel.

Und wie gesagt, der Schleier liegt auch über den Augen der Juden. Und auch diese ziehen ihn nicht von selbst ab. Im Gegenteil, sie werden ihn eher noch verteidigen. Mein Mentor Boaz Ben Chilkiah, der diesen Schleier dank Gottes Gnade losgeworden ist, pflegte es etwa so auszudrücken: Wir haben einen Gott, der vergibt und versöhnt. Er tut es durch seinen Sohn, den Messias. Jesus versöhnt und vergibt. Er versöhnt zunächst mit sich selbst, aber dadurch kommt alles in eine Gegenrichtung, in eine Versöhnungsdynamik, und ganz besonders das Verhältnis der Völker zum Volk Israel. Überall, wo es Feindschaft gibt, ist es der Wille Gottes, dass sie überwunden wird, und das gilt vor allem bei diesem Bruch zwischen Israel und den Völkern. Ein besonderes Kapitel dabei ist die Urfeindschaft von Isaak und Ismael, die bis in die Zeit des Stammvaters Abraham zurückreicht. Darum ist die Versöhnung von Israel und Ismael ein vorrangiges Ziel: Die beiden sollen nicht nur formell oder politisch zusammenkommen, sondern aus tiefem Herzenswunsch.

Erst der Blick auf den Anfang schafft Klarheit
Das bedeutet: Man muss zu den Anfängen zurückgehen. Am Anfang steht die Familiengeschichte. Und nach ihr zu urteilen, sind wir eigentlich Geschwister; zwar zerstritten und getrennt, aber in Jesus finden wir wieder in die Familie hinein. Wenn wir gemeinsam auf Abraham zurückkommen, stellen wir fest, dass wir durch ihn Brüder sind. Und genau diesen Umstand hat der Teufel benutzt. Es gelang ihm, die Erstgeburt Ismaels in einer solchen Weise zu betonen, dass sie wie der einzige Segen aussah, der von Abraham auf ihn, den Sohn der Magd Hagar, gelegt wurde. So wurde Ismaels Erstgeburt ein Werkzeug in Satans Händen. Sie bot sich dem Feind als ein ausreichender Grund an, die ganze Menschheit zu verführen. Satan stiehlt Isaak den Segen und schreibt ihn dem Ismael zu. Und von diesem Segen wird behauptet, er sei der abrahamitische Segen.

Ismael ist der natürliche Sohn, der Sohn Abrahams nach Fleisch und Blut. Vor allem aber der Sohn, der aufgrund menschlicher Pläne und Überlegungen gezeugt wurde. Er gehört zu dieser Welt, mit ihrem Denken und ihren Wegen. Dieser Sohn ist nicht das Resultat eines Wunders, weil Abraham rein menschlich handelte. Isaak hingegen ist der geistliche Sohn, den Gott erwählt hat, schon bevor er geboren wurde. Er kam durch Sara, die Frau Abrahams, die das gebärfähige Alter schon seit Jahrzehnten hinter sich hatte. Ihr Körper war für Zeugung und Empfängnis schon tot. Genau hier beginnt die Geschichte des Wunders und des Übernatürlichen.

Gleichzeitig mit dem Wunder ist es auch die Gnade, die hier überdeutlich wird: Gott fängt mit dieser Zeugung und Geburt an, seine Gnade zu offenbaren und allen Menschen zu geben. Darum sagen wir, Isaak sei der geistliche Sohn. Durch ihn hat Gott alle Verheißungen des Segens erfüllt. Und nun wird deutlich und auch begreiflich, weshalb «Ismaels Hand immer gegen jedermann ist, und jedermanns Hand gegen Ismael» (1. Mose 16,12). Ismael ist gegen Isaak und damit gegen alles Geistliche. Er verhält sich eben genauso wie unser Fleisch. Auch in uns drin bekämpfen sich Geist und Fleisch; das eine kämpft gegen das andere. Jesus allerdings befreit uns von der Herrschaft unseres Fleisches, unseres Ego. Es muss dem Geist untertan sein. Am Ende wird der Leib Christi gesund werden, wenn dieser Bruderzwist überwunden ist. Wir warten mit Geduld und Hoffnung darauf, dass Ismael Buße tut und seinen Platz einnimmt.

Auch Israel hat die große Prüfung noch vor sich
Wenn wir nun nach den Nachkommen des Vaters Abraham fragen, der im Glauben Isaak zeugte: Was ist aus diesem Israel geworden? Ist es ein geistliches Volk, wie Abraham ein geisterfüllter Mensch war? Ja und nein. Israel ist fleischlich und geistlich. Dieses Volk ist in einem Prozess. Die Zeiten, wo Israel Gott nicht gehorcht und nicht nach seinem Wort handelt, sind ebenso die Zeiten, über die Gott spricht: «Ich bringe das Schwert über euch und zerstreue euch in die ganze Welt.» Aber gleichzeitig verheißt Gott eine hoffnungsvolle Zukunft: Er werde sie in der letzten Zeit sammeln, wie eine Henne ihre Küken unter ihre Flügel sammelt, und sie ins verheißene Land zurückbringen. Dort würden sie durchs Feuer gehen, und wer diese Prüfungszeit überlebe, werde Buße tun und zum Herrn umkehren.

Jetzt hat Israel noch einen Schleier über dem Gesicht, das heißt über seinen inneren, geistlichen Augen. Dies ist ein Ausdruck der Einstellung Israels, aber auch ein Ausdruck von Gottes Gericht. Nur Jesus kann diesen Fluch wegnehmen. Trotz solcher Umstände schützt Gott Israel, denn es steht unter den Verheißungen seines Segens, die sich noch erfüllen müssen. Auch wenn die Juden noch immer fleischlich sind und entsprechend denken und handeln, symbolisieren sie das Geistliche. Die Verheißung der geistlichen Erweckung des Volkes ist noch nicht eingelöst. Von seinen Anfängen her fleischlich geprägt ist hingegen Ismael. Das Fleischliche attackiert das Geistliche, denn es will seinen eigenen Weg gehen. Durch den Islam wird Israel deshalb unablässig bedroht.

Aus der Sicht des Gemeindeleiters Boaz Ben Chilkiah: *Israel ist als ganzes Volk noch unerlöst, aber die Verheißungen für Israel bleiben bestehen und sind unerschütterlich. Gott sieht sein Volk, auch wenn es noch nicht erlöst ist, schon mit Augen der Zukunft als ein erlöstes Volk. Es ist in seinem Messias eigentlich schon erlöst und erkennt diese Tatsache noch nicht. Irgendwie merkt die Welt, dass Israel anders ist. Es hat das Siegel Gottes auf sich, die Welt aber das Siegel des Fleisches. Deshalb gibt es nicht nur den Streit Ismaels gegen Israel, sondern den Streit aller Völker gegen dieses kleine Volk. Die Welt beharrt auf ihrer negativen Beziehung zu Israel, bis der Herr mit diesem als erlöstem Volk sein Friedensreich errichtet.*

Die historischen Kirchen und ihr Antisemitismus
Noch ein weiteres Thema sind die Christen aus den Nationen. Sie sind wie ein dritter Faktor in dieser komplizierten Lage. Im Land Israel gibt es eine Reihe von historischen Kirchen, die seit Jahrhunderten hier sind, Katholiken, Protestanten, auch Orthodoxe. Diese stellen sich nicht auf die Seite der Juden. Im Gegenteil. Sie haben sich auf die Seite der Muslime geschlagen und kämpfen gegen die Eroberung Israels durch die Juden. Sie nennen die Präsenz Israels in seinen ver-

heißenen Gebieten «Besetzung», unisono mit muslimischen Organisationen und Gruppen. Sie heißen die Politik der Juden niemals gut. Der Hauptgrund, dass die historischen Kirchen in Israel so argumentieren, liegt darin, dass sie nicht den Weg mit Gott gehen. Sie glauben, sie seien Christen durch Abstammung aus christlichen Familien. Sie lesen nicht sein Wort und leben in den Sünden dieser Welt. Sie gehen mit der Welt alle möglichen Kompromisse ein. Wer gerade an der Macht ist, interessiert sie nicht wirklich. Hauptsache, sie können sich im Leben irgendwie durchschlagen. Auch mit ihrer Kultur und Ausbildung verhält es sich so. Viele erhalten größtenteils eine islamische Ausbildung. Sie sind zufrieden, wenn sie mit den Muslimen ohne Konflikte leben können. Langsam, von Generation zu Generation, hat sich ein immer dichterer Schleier auch auf diese einheimischen Kirchen gelegt. Das hat dazu geführt, dass sie noch einen verhängnisvollen Schritt weitergingen: Sie kamen zum Schluss, Israel sei verflucht, und es gebe keine Existenzberechtigung für dieses Land. Zum Beispiel behauptete die katholische Kirche, sie habe das abtrünnige Volk der Juden ersetzt, die als «Christusmörder» bezeichnet wurden. Deshalb habe die Kirche den ganzen Segen von Israel geerbt. Diese Betrachtungsweise nennt man Ersatztheologie: «Das Christentum», das heißt die Kirchen, haben Israel ersetzt, und sie sind nun Gottes Volk.

Ein Sonderfall: Die arabischen Kirchen sind befangen
Ganz ähnlich ist es mit den arabischen Christen. Weil sie mit den Muslimen immer auf Tuchfühlung sind und eng mit ihnen zusammenleben – genauer gesagt, mitten unter ihnen wohnen – sind sie zumindest dem Geiste nach dem Islam untertan, wenn auch nicht dem Koran als solchem. Dabei spielen aktuelle Gründe wie Angst vor Schikanen und umgekehrt Erleichterung durch Anpassung nur eine unwichtige Rolle. Die wirkliche Erklärung für die Knechtschaft und Hörigkeit gegenüber dem Islam ist die Sünde im Leben dieser Menschen. Dass sie den Plan Gottes für Israel im Laufe der Zeit ganz aus den Augen verloren haben, ist ein Resultat der Sünde und des

Ungehorsams, des Nicht-Hörens auf Gott. Sonst müssten sie den Satz von Paulus ja ernst nehmen, wo er deutlich sagt, dass ganz Israel aus seinen Sünden befreit werden wird, Römerbrief 11, 26 f. Es gibt viele Prophezeiungen, welche die Wiederherstellung Israels schildern. Es tut mir leid, dies sagen zu müssen, aber diese arabischen Christen glauben heute, was Israel betrifft, mehr dem Islam als dem Wort Gottes.

Wir leben in einer Zeit, wo der Islam anfängt, über diese arabischen Christen zu herrschen. Sonst müssen sie von der Bildfläche verschwinden. Wir haben solche Beispiele bei den Kopten in Ägypten gesehen. Wir haben gesehen, was unter der Daesch (dem «Islamischen Staat») in Syrien und im Irak geschieht. Die meisten Christen mussten fliehen, nur ganz wenige blieben zurück. Die Anhänger des Dschihadismus verfolgen sie. Wir sehen immer weniger Christen, sie fliehen nach Europa oder Amerika. Und auch diese Flüchtlinge bringen diesen Teil ihres Glaubens in die westliche Christenheit mit: Dass Israel letztlich als ihr Feind zu sehen ist. Israel ist nicht ihr geliebter Freund. Zu den Quellen des Glaubens müssten sie zurückkehren, um den Plan Gottes für Israel zu sehen und zu verstehen. Denn der Segen für Israel wird ein Segen für alle Gläubigen werden, auch für sie. Und genauso verhält es sich mit dem Fluch, der alle trifft, die Israel fluchen. In dem Augenblick, wo Israel in Sicherheit leben kann, wird es auch ein Segen für die Gläubigen werden. Ich glaube, wir kommen dahin, wenn auch unter vielen Tränen und viel Blutvergießen. Dieser Tag ist nicht weit, viel näher schon als in der Vergangenheit. Wer zu Gott gehört, wird diesen Tag als das schönste Ereignis feiern können.

Unterwegs mit der großen Vision

Araber und Juden – die Situation
Die Araber werden getäuscht und verführt. Sie leben in diesem Land, seit Hunderten von Jahren bewohnen arabische Sippen auch Jerusalem. Einige von ihren Familien haben Wurzeln im Land, die vierhundert Jahre zurückverfolgt werden können; schon ihre Vorväter waren also hier. Aber solche Familien bilden die Ausnahme. Die meisten Araber kamen erst ab dem späteren 19. Jahrhundert, um unter jüdischen Arbeitgebern und in jüdischen Betrieben Arbeit zu finden. Die, welche schon früher da waren, sahen, wie ein anderes Volk kommt und das Land in Beschlag nimmt. Ich verstehe ihr Empfinden und ihre Gedanken. Sie möchten zurückerhalten, was einst ihnen gehörte.

Aus der Sicht der Araber handelt es sich bei der jüdischen Einwanderung ausschließlich um Landenteignung. Die Sicht ist darum politisch, und natürlich auch religiös im Sinn des Islam, der lehrt, dass ein Gebiet oder Land, das einmal für Allah erobert wurde, auf alle Zeit Allah gehören wird. Eine geistliche Sicht ist dies allerdings nicht. Sie wollen also um das Land kämpfen. Aber Gott hat in Bezug auf dasselbe Land einen andern Plan: Er will sein ganzes Volk dorthin zurückbringen. Aus einer bestimmten politischen Sicht mögen die Muslime recht haben, aber auch die Juden haben recht: Wegen des Planes Gottes für sie. Es ist historisch richtig, dass eine Anzahl arabischer Familien vor den jüdischen Einwanderungswellen da war – wie es auch historisch richtig ist, dass die Juden vor den Arabern auch schon einmal da waren. Doch jetzt ist es nötig, dass den Arabern noch die Augen geöffnet werden: Sie müssen Gottes Plan erkennen. Wenn sie nicht im Willen Gottes handeln, kämpfen sie nicht nur gegen die Juden, sondern gegen Gott selbst und seinen Plan.

Wissen die Juden, weshalb und wozu sie in ihr Land zurückgekehrt sind?

Ich behaupte, dass sogar viele Juden nicht wissen, warum sie hierhergekommen sind und noch kommen. Das hindert Gott natürlich nicht daran, einige von ihnen hierherzuführen. Teilweise glauben sie nicht einmal an Gott und kommen trotzdem. Sie kommen aus andern Gründen als aufgrund von Anweisungen oder Verheißungen, die sie von Gott gehört hätten. Sie wissen einfach, dass ihre Väter hier lebten, und deswegen kommen sie. Aber auch sie sind dazu berufen, die Wahrheit und den Plan Gottes zu erkennen. Ohne Gott zu erkennen, können sie auch seinen Plan nicht verstehen und werden am Ende verlieren, was sie gewonnen haben.

Dann gibt es einen Teil des Volkes in Israel, der an den Plan Gottes glaubt. Aber viele dieser Leute haben ihren König Jeschua nicht erkannt; deshalb fehlt in all ihren Kämpfen etwas ganz Entscheidendes. Einige kämpfen also, andere existieren friedlich nebeneinander, die einen als jüdische Pioniere, die andern als arabische Alteingesessene. Viele möchten es bei dem lassen, wie es ist; aber Gott wird noch viele Juden zurückbringen, ob es die Araber oder die eingewanderten Juden wollen oder nicht. Am Ende setzt sich allein Gottes Plan durch. Um diesen Sachverhalt verständlich zu machen, möchte ich ein kleines Gleichnis einbringen: Im Frühling sucht ein Mann im Tal eine seltene Heilpflanze gegen sein körperliches Gebrechen. Er sieht sich überall um, wo er die Pflanze wohl entdecken könnte. Aber versehentlich und unglücklicherweise ist er darauf getreten. Sie befindet sich direkt unter seinen Schuhen! – Das sage ich zu Juden und Arabern: Vielleicht tretet ihr auf die Pflanze, die euch das Leben retten kann: Diese Pflanze ist Jeschua, ihr zertretet sie mit euren Füssen.

Die harte Realität für Versöhnungswillige

Wohin soll sich ein Muslim wenden, der durch den Heiligen Geist wiedergeboren ist? Kann er in eine messianische Gemeinde gehen? Muss er das? Sollte er das besser nicht? Doch wo sonst kann er sich denn mit Glaubensgeschwistern treffen? Dieser gemeinsame Weg kann nur so funktionieren: Jemand, der eine Berufung hat, die Einheit beider Seiten zu fördern, muss zuerst selbst lernen, mit der andern Seite auszukommen und zu leben. Später können die Partner dieser Gemeinschaft Treffen vorbereiten, um Juden und Araber zusammenzubringen. Die Eingeladenen können auf diese Weise anschaulich sehen und hautnah erfahren, dass es bereits Leute gibt, die eine solche Gemeinschaft zustande gebracht haben.

Es muss immer jemand den ersten Schritt wagen. Bei jedem schwierigen Unterfangen, das je erfolgreich umgesetzt wurde, brauchte es Vorkämpfer. Ohne sorgfältige Vorarbeit kann man nicht einfach Juden und Araber einladen, um sie in einem Gottesdienst zusammenzubringen. Das ist die harte Realität. Wie gesagt, dies sind die Schritte:

- Sie müssen miteinander das Leben teilen, um zu erleben, dass Gott alles verändern kann.
- Dann können sie andere mit hineinnehmen. Es fängt immer klein an und wird größer.

Wenn es groß anfängt, zerfällt es, bis am Ende nichts mehr vorhanden ist. Diesbezüglich hat es schon einige Versuche gegeben, aber nichts kam dabei heraus. Krieg blockierte die angefangene Arbeit, und alles ging in die Brüche. Teils fehlte es auch an einer klaren Vision, teils an klarer Berufung und an Entschlossenheit. Aber ohne diese Voraussetzungen kann nichts wachsen. Denn hier geht es nicht nur um schöne Worte und gute Absichten, sondern um reales Leben mit all seinen Konflikten. Es ist das Kreuz, das Gott uns allen gibt.

Aller Anfang ist schwer – nur mit der Vision geht es voran
Ich bin herausgefordert, die Schwächen der Juden anzunehmen,

und umgekehrt sind sie herausgefordert, die meinen zu akzeptieren. Vieles, was wir aneinander nicht mögen, reicht bis weit in die Vergangenheit zurück. Darum beginnt der gemeinsame Weg im Herzen von Einzelnen. Erst auf dieser Basis können wir zusammenfinden, miteinander weitergehen und bereit sein, gemeinsam den Preis zu zahlen. Wenn wir bereit sind, diesen Weg zu gehen, dann segnet ihn Gott. Wir werden der ganzen Welt ein Beispiel geben. Auch meine jüdischen Brüder haben diese Berufung. Wir alle brauchen die Vision dieses gemeinsamen Weges und Gebetes. Wir hoffen und glauben: Eines Tages wird diese Vision Realität. Das ist mein Glaube.

In der Gemeinde der Ben Chilkiahs hat sich dieser Weg so bewährt, und er funktioniert. An anderen Orten fangen solche Prozesse auch an, aber nur im Kleinen, nichts Großes und schon gar nichts Berühmtes. Im Norden des Landes beobachte ich solche Anfänge, aber ich kann nicht abschätzen, wie tief die Sache geht. Dort ist die politische Ausgangslage einfacher, weil die arabischen Geschwister in Galiläa etwas freier leben können. Die soziale Kontrolle ist dort nicht so stark. Die Gemeinden haben schon Erfahrung mit solchen Treffen. Doch was ihnen und uns noch fehlt, ist die tiefere Einheit! Es fehlt auch an der gemeinsamen Vision. Die meisten pflegen ihre eigene Sicht der Dinge, aber Gottes Vision für seine Kinder und die Welt ist bei ihnen noch nicht wirklich angekommen. Darauf warten wir: Dass Gott uns seine Vision tief ins Herz legt. Zwar ruft uns Gott schon, aber wir müssen von ganzem Herzen Antwort geben. Dann wird er uns seine Sicht tief einprägen können. Wer es hört, muss dann auch die Schritte tun. Und beim Tun wird es ihm immer mehr einleuchten – Gottes Ziele werden dann auch seine Ziele.

Bilanz nach vierzig Jahren
Zugegeben: Wir sind erst in der Anfangsphase. Ich darf aber von mir sagen: Ich gehöre bereits zu einer geistlichen Familie. Boaz und Jachin sind meine geistlichen Eltern, und darüber hinaus gibt es die Gemeinde. Die Gemeindeglieder sind für mich wirklich Brüder und

Schwestern geworden. Gemeinsam werden wir Tag für Tag stärker. Das bringt Hoffnung. Es gibt offensichtlich einen Weg in unserem Herrn, und wir sind zuversichtlich, dass wir am Ziel ankommen werden. Ich möchte nie behaupten, dass dies leicht ist. Es braucht den Willen, in jeder Situation konsequent zu handeln. Weil mich die Ben Chilkiahs immer annahmen, haben sie diese Hoffnung in mich hineingelegt. Wenn wir den angefangenen Weg weitergehen und einander immer umfassender annehmen, gehen die Türen auf, so dass im Herrn alles möglich wird.

Nach vierzig Jahren des gemeinsamen Weges können wir bilanzieren: Die Zeit hat etwas Beschleunigendes an sich. Veränderungen gehen heute schneller vonstatten. Wenn wir sogar hundert Jahre zurückblicken und vergleichen wollten, so würde erst recht auffallen, wie schnell heute alles geht. Das hängt damit zusammen, dass Gottes Zeiten, die Zeiten der Vollendung seines Reiches und des Gerichtes, greifbar nahe sind. Das heißt natürlich nicht, dass wir überstürzt Veränderungen herbeiführen sollen. Wir müssen einen Schritt nach dem andern tun, aber Gott hat trotzdem sein eigenes Tempo. Er verfolgt exakt seinen Plan. Zwar ist er nicht in Hast und Eile; jedoch in der Welt geht alles hastig voran. Denn der Teufel hat nur noch wenig Zeit, wie es in der Offenbarung heißt. Daran, dass wir in dieser schnellen Zeit leben, und dass sich alles zügig zu erfüllen beginnt, erkennen wir das Tempo, das Gott anschlägt. Alles liegt in seinen Händen, und er herrscht über alles. Diese Tatsache beruhigt uns, so dass wir trotz der großen Erwartungen ruhig einen Tag um den andern anpacken.

Noch grundsätzlicher: Können Araber und Juden überhaupt zusammenkommen?
Diese Frage ist so zentral, dass sie hier noch einmal aufgegriffen und ausführlicher behandelt werden soll. Ich sehe fünf Schritte in einer sinnvollen Reihenfolge:

- Jesus erkennen, als Herrn annehmen und ihm nachfolgen
- Die Vision Gottes für die Einheit des Leibes Christi verinnerlichen
- Den Willen aufbringen und den Entschluss fassen, diese Vision zu leben
- Im Gebet die nötigen Schritte und Veränderungen vorbereiten
- Das Zusammenleben praktisch einüben und eine Herzensgemeinschaft aufbauen

Der Wille und die Entscheidung allein sind keine genügende Kraft. Zwar müssen wir uns dazu durchringen. Aber geschehen kann es nur in Liebe. Nur sie hat die überwindende Kraft; ohne sie geht es nicht. Es ist ja nicht damit getan, dass jemand darüber predigt und alle es gut finden. Sobald wir im Alltag zusammenleben wollen, merken wir sehr schnell, dass dies ohne die Kraft der Liebe ein frommer Wunsch oder eine Utopie bleibt. Jesus selbst wird uns dabei vorwärts tragen, Schritt um Schritt. Auf diese Weise ist die Liebe das Fundament.

Aus der Sicht des Gemeindeleiters Boaz Ben Chilkiah: *Ich als wiedergeborener, also messianischer Jude begann damit, dass ich unter den Arabern Wohnsitz nahm. So waren mein Bruder und ich wenigstens im selben Dorf und konnten erste Beziehungen zu Muslimen aufbauen. Für uns war dies einfacher, weil wir nicht Einheimische waren. Übrigens findet man im Land immer wieder jüdische Israeli, die für die Araber recht offen sind. Heute, nach über vierzig Jahren, verstehe ich besser, wie die Israeli über die Araber denken. Ich kann in Wahrheit sagen: Unser muslimischer Hausbesitzer hat uns viel Liebe gezeigt. Mittlerweile ist er durch unsere Nachbarin, eine Missionarin, zum Glauben gekommen.*

Das gute Beispiel ist die Einladung
Ich habe am Beispiel der Ben Chilkiahs erlebt, was wirkliche Liebe ist. Wer möchte schon jemanden aufnehmen, der sich selbst umzubringen versucht? Jemanden, der stiehlt, will man nicht unter dem eigenen Dach haben. Ich bestahl die Ben-Chilkiah-Brüder mit einer

Bande. Ich tat dies freilich nicht, um sie zu schädigen, sondern weil ich aufgrund meiner Vergangenheit, des schweren Lebens in der Kindheit, nichts anderes kannte. Trotzdem: Wer wollte schon einen jungen Mann in sein Haus aufnehmen, der sich wie ein wildes Tier aufführt?

Ich kam aus einer feindlichen Nation zu deren Feinden, den Juden. Gott hat mich durch Ben Chilkiahs gelehrt, was Annahme ist. Sie haben mich mit allem angenommen, brutto, so wie ich war. Es waren nicht bloß Worte. Dabei kannten Ben Chilkiahs die Realität über mich: Eine Schwester, die bei ihnen wohnte und verschiedene Bücher über ihre Zeit in dem Dorf verfasst hat, schrieb in einem der Bücher über mich – nicht sehr vorteilhaft. Zu jener Zeit war ich wirklich ein wildes Tier.

Vertrauen ist der große Schlüssel
Ben Chilkiahs glaubten voll Hoffnung, dass Gott mit mir zum Ziel kommen würde. Das schaffte in mir Vertrauen. Dadurch konnte Gott mich ganz verändern, er baute mich auf, bis heute. Sie sind meine geistlichen Väter. Darum darf ich auch vom Erben reden: Ich habe die Erkenntnis von ihnen geerbt. Ich muss ihnen einfach zurückgeben, was ich von ihnen bekommen habe. Heute ist es für mich eine Verantwortung, dass ich auf dem Weg, den sie gehen, zu ihnen stehe. Uns verbindet das Prinzip des Glaubens und Vertrauens. Unterdessen habe ich von meiner Vergangenheit viel abgelegt; der Stolz ist gebrochen. Deswegen kann Gott Brücken bauen. Es ist erstaunlich, was Gott auf diese Weise an Gemeinschaft aufbaut.

Ich kann nicht erklären, warum gerade ich! Aber Gott weiß warum. Wenn er ausgerechnet einem so Schlimmen wie mir eine Chance gegeben hat, wenn ausgerechnet ein Nobody wie ich Gnade vor ihm gefunden hat, so ist das auch für jeden anderen möglich. Es gibt viele Muslime aus einflussreichen Familien, die die Gelegenheit haben, sich einen Namen zu machen und mit großen Werken bekannt zu werden. Doch ich habe keine Ausbildung erhalten. Jene können viel Gutes tun. Dazu hatte ich nie auch nur die geringste Chance.

Vielleicht ist dieses große Geschenk Gottes auch der Grund, weshalb ich den jüdischen Geschwistern treu geblieben bin. Das verwundert andere arabische Christen. Ja, ich liebe sie, meine jüdischen Brüder. Andere Araber, die in unsere Gemeinde kamen, sind nur für kurze Zeit geblieben. Es gibt eine zweite arabische Familie, die mit dieser Gemeinde verbunden ist. Doch die meisten sind wieder gegangen. Warum? Es zog sie in eine arabische Gemeinde. Dort gab es diese Spannung nicht auszuhalten. Und so ist es ganz logisch, dass die arabischen Brüder sich wundern, warum ich nicht in eine ihrer arabischen Gemeinden gehe. Sie fragen mich: «Warum bist du immer noch in dieser jüdischen Gemeinde?» Ich versuche ihnen zu erklären, dass es Gottes Wille ist, nicht mein eigener. Denn Gott selbst hat mich hier hingestellt.

Wessen sind die Hände, die die Verängstigten zusammenführen?
Eine Hand soll die Juden an der Hand nehmen, die andere die Hand der Araber ergreifen, um sie zusammenzubringen. So macht es Jeschua, und wir sind berufen, es ihm gleichzutun. Früher ging ich immer wieder aus der Gemeinde weg, ja ich bin buchstäblich geflohen: Misstrauen hatte mich übermannt. Andere Araber empfanden und hatten dieses tiefe und fast unüberwindbare Misstrauen auch! Ja, so sieht es in uns aus. Viele Araber werden weglaufen, wenn sie nur schon die israelische Staatsfahne sehen. Sie wurden nicht hin und her gerissen wie ich. Sie machten es sich leichter und sind ein für alle Mal gegangen. Aber ich bin schließlich geblieben. Gott hat mir Stabilität gegeben.

Eine Berufung und eine Vision von Gott bilden das Fundament. Ohne diese beiden Dinge kann Gottes Plan nicht in Erfüllung gehen. Es dauert nur noch eine bestimmte Zeit, dann kommt diese Feindschaft und Unversöhnlichkeit zu ihrem Ende. Ich habe einmal in einem Bild gesehen, wie eine Mauer aus Eis und Schnee vollständig zerschmolz, sobald die Sonne kräftig darauf schien.

Neben der Berufung und dem Willen, sie zu leben, braucht es auch Schritte. Dann kann der Herr durch uns wirken. Ich danke ihm, dass ich Angst und Misstrauen ablegen und hinter mir lassen konnte. Beide sind sie weggeschmolzen wie jene Mauer aus Eis und Schnee, samt aller Schuld, den Fehlschlägen und Versäumnissen. Nochmals ein Blick in den Rückspiegel: Die ersten Juden, die ich sah, waren die Soldaten während meiner Flucht. Sofort wusste ich: Diese jungen Männer haben eine gute Ausbildung. Als Araber fühlt man sich minderwertig nur schon, wenn man sich neben einem Juden sieht – Anzeichen eines Minderwertigkeitskomplexes. Ich hatte ursprünglich auch viel zu hohe Ansprüche an die jüdischen Brüder. Ich wollte, dass alle, nicht nur Ben Chilkiahs, mich bedingungslos lieben, mich schätzen, mich völlig annehmen. Irgendeinmal habe ich erkannt: Du musst bei dir selbst anfangen. Wie beim Bau eines Hauses – auch da muss man mit dem ersten Stein beginnen. Dieser erste Stein, das bin ich selbst. Jetzt heißt mein erster Gedanke nicht mehr: «Bin ich angenommen?» Heute denke ich zuerst: «Ich fange bei mir selbst an und mache einen ersten Schritt – ich nehme den andern an, wie Christus mich angenommen hat!» Und wenn ich dann eine gute Frucht sehe, bekomme ich mehr Vertrauen.

Der Islam will das Blut, doch Jeschua will das Herz

Die Muslime machen die weitaus größte Zahl der Araber aus. Sie denken in etwa so: Die Juden sind für alles Schlechte in der Welt und besonders im Nahen Osten verantwortlich, vor allem für die Konflikte. Sie sind Betrüger, weil Gott sie verflucht hat. Die Juden leben ständig unter einem Fluch, und sie werden ihn nur los, wenn sie Muslime werden. Darum sind die Araber ihnen gegenüber unbarmherzig. Der Kampf zwischen Juden und Arabern wird aus dieser Sicht bis zum letzten Tag dauern[1]. Töten bis ans Ende, das ist die arabische Logik. Der größte Teil der Muslime denkt zumindest in diese

---

[1] «Die Stunde der Auferstehung wird nicht kommen, solange wir die Juden nicht vernichtet haben.» Aus den Hadithen. (Anm. des Verlags)

Richtung. Und wie sie denken, so leben und handeln sie dann auch. Selbst wenn viele vor dem Letzten zurückschrecken, sanktionieren sie es immerhin.

Diejenigen, die moderat sein und mit den Juden in Frieden leben wollen, müssten den Islam als Ganzes überwinden. Doch das können sie nicht aus eigener Kraft: Nur Gottes befreiende Gnade kann es wirken. Ansonsten bleiben sie Werkzeuge des Satans, und der tut mit ihnen, was er will. Wer mit den Juden in Frieden leben will, muss also zuerst den Islam durchschauen und dann zu Jesus kommen. Erst wenn ein Drogenabhängiger die Drogen absetzt, ist er auf einem neuen Weg.

Der Schlüssel für die Zukunft und seine Herkunft
In der Kapelle der Ben Chilkiahs gibt es einen eindrücklichen Schlüssel mit zwei Symbolen, die prophetisch zu uns zu sprechen begannen: Das vordere Ende, womit aufgeschlossen wird, besitzt die Form des Kreuzes, während das hintere Ende, das in der Hand des Aufschließenden liegt, aus einem Davidstern besteht. Ben Chilkiahs besitzen auch ein Modell des alten Jerusalem, das ein christlicher Araber hergestellt hat. Er schenkte es Jachin Ben Chilkiah zu Jom Kippur. Ich betrachtete das Kunstwerk, doch nach einer Weile sagte ich: «Hier fehlt etwas.» – «Was fehlt denn da?» kam prompt die Frage. Gott hatte es mir gezeigt: «Der Schlüssel fehlt; ohne ihn gibt es keinen Zutritt zur Stadt. Ich muss dem Boaz noch den Schlüssel zu Jerusalem geben,» sagte ich zu Jachin. Das Folgende war der Hintergrund: In der Geschichte der Araber in Jerusalem hatte ich ein sonderbares Detail gefunden. Als die Araber die Stadt eroberten, nahmen sie von den ehemaligen Besetzern, den Christen, den Schlüssel entgegen, der das Symbol der Oberhoheit über die Stadt darstellte. Das geschah anlässlich der ersten Eroberung durch die Araber. Sie hatten die Stadt umzingelt. Die christlichen Soldaten waren in Jerusalem völlig eingeschlossen und sahen ein, dass sie chancenlos waren. Also trafen sie eine Vereinbarung: Die Angreifer ließen die christlichen

Soldaten kampffrei abziehen, jedoch unter gewissen Auflagen und Bedingungen. Dazu gehörte auch die Übergabe des Schlüssels und damit der Autorität über die ganze Stadt. Dabei handelte es sich um den Schlüssel zur Grabeskirche.

Ich bin ja ein Muslim. Also, folgerte ich, bin ich berechtigt, den Juden diese Schlüsselgewalt zurückgeben. Ich nahm mir vor, dies als Muslim zu tun – symbolisch und feierlich im Namen von Jeschua und gleichzeitig im Namen aller gläubigen Muslime. Um diesen Plan auszuführen, bedurfte ich noch eines zweiten Bruders, der mir helfen würde. Ich sprach mit dem Gemeindemitglied Yehoshua; dieser war mit dem Plan einverstanden. Auch Bruder Dietrich half mit. Alle drei gingen wir nach Latrun bei Beit Schemesch, um mit den dortigen Brüdern die Sache zu besprechen.

Die Brüder stimmten in ihrer Ansicht und mit prophetischen Eindrücken überein, zum Beispiel mit Bibelstellen aus Jesaja 22, wo der «Schlüssel Davids» erwähnt wird; auch in der Offenbarung in Verbindung mit der Philadelphia-Gemeinde ist von diesem Schlüssel die Rede. Der arabische Christ mit der Schlüsselgewalt zur Grabeskirche lieh uns diesen berühmten Schlüssel aus, und er war auch dabei, als wir die Schlüsselübergabe vollzogen. Er repräsentierte die arabischen Christen, ich stand für die ehemaligen Muslime und jetzt gläubigen Brüder. Bruder Dietrich von einer Kommunität in der Nähe von Jerusalem vertrat die Heidenchristen und Yehoshua die jüdischen Brüder. Diesen Schlüssel überreichte ich Boaz Ben Chilkiah.

Ungefähr zwölf Jahre vergingen, und noch einmal verlangte der Herr von mir, dass ich den messianisch-jüdischen Brüdern einen Schlüssel überreiche. Bruder Jachin kam zu mir und bat mich, meinen jüdischen Brüdern symbolisch einen großen Schlüssel zu übergeben, und zwar in aller Öffentlichkeit auf einer Konferenz, die von tausend Menschen besucht wurde. Diese Konferenz fand zur Zeit des jüdischen Laubhüttenfests im Jahr 2017 in Abu Gosch statt[2]. Der Hintergrund war folgender: Zu der Zeit, als Israel ein Staat wurde,

---

[2] Konferenz «Welcoming the King of Glory», 10. bis 12. Oktober 2017 in Abu Gosch bei Jerusalem

1948, und als die englische Armee sich aus dem Land Israel zurückzog, hielten die Engländer eine militärische Festung in Abu Gosch. Als sie diese Festung verlassen mussten, übergaben sie den Schlüssel dazu dem Muchtar (entspricht dem Bürgermeister). Dieser Ort hatte immer eine sehr gute Beziehung zu den Juden und so fand der Muchtar, es wäre richtig, diesen Schlüssel den Israelis zu übergeben, weil sie jetzt die Herrschaft im Land hatten. Abu Gosch wird in der Bibel unter dem Namen Kirjat-Jearim erwähnt. Es ist der Ort, wo die Bundeslade eine Zeitlang ruhte, bis König David sie nach Jerusalem hinaufbrachte. Wenn ich den Brüdern auf symbolische Weise diesen Schlüssel gegeben habe, so drückte das aus: Ich schließe die Türe auf, sodass die Bundeslade, die den Bund und die Gegenwart Gottes darstellt, wieder nach Jerusalem hinaufziehen kann. Den Auftrag dazu erhielt ich, nachdem ein angefragter arabischer Bruder genau zu diesem Zeitpunkt erkrankte und ein weiterer arabischer Bruder den Auftrag abgelehnt hatte. Darauf schlug Jachin mich vor, weil ich schon lange in Abu Gosch wohnhaft bin. Das war das zweite Mal, dass ich meinen messianischen Brüdern den Schlüssel Davids übergeben durfte.

Meine Liebe zu den Glaubensgeschwistern

Kein Preis zu hoch für die Freundschaft mit Glaubensbrüdern
Als ich mein Haus in Abu Gosch noch nicht hatte, konnte ich auch noch keine Araber aus der Verwandtschaft meiner Frau einladen. Sie kamen allenfalls auf einen Kaffee. Doch wen ich dennoch zu mir nach Hause einlud, das waren Brüder im Glauben. Ich wollte meine Brüder zu dem Besten einladen, was ich hatte. Aber meine Frau, mit der ich mein Leben teilte, wurde eifersüchtig. Sie meinte jeweils: «Für mich und meine Familie tust du nicht so viel!! Ich wünschte, du hättest die gleiche Freundschaft zu meiner Familie wie zu diesen Brüdern». Auch meine Töchter wurden zuweilen eifersüchtig und wären gern an der Stelle dieser gläubigen Brüder gewesen. Zu allem hinzu sah die ganze Nachbarschaft zu, wie alle meine Freunde mich besuchten, seien sie nun Juden oder Europäer. Das gefiel ihnen natürlich nicht besonders.

Trotz solcher Misstöne bin ich froh, in Abu Gosch zu wohnen. Es gibt dort noch und noch Juden und Araber, die Seite an Seite zusammenleben. Ich denke, es ist der einzige Ort im Land, wo eine friedliche Koexistenz zwischen Juden und Arabern möglich ist. Ich kann mich nicht erinnern, dass es in unserem Dorf Streit und Konflikte im Zusammenleben gegeben hat. Gott hat mich an diesen Ort geführt. Hätte jemand das, was ich hier bezeuge, an einem andern Ort gesagt, sie hätten sein Haus verbrannt – das ist die Wahrheit. Dafür bin ich Gott tief dankbar. Ich bin überzeugt: Jeder Gläubige wird an den richtigen Platz gestellt. Er soll einfach darauf bedacht sein, das zu tun, was ihm geboten ist. Und das ist mir geboten: dass ich meine jüdischen Brüder zu mir einlade. Wenn jemand in einem jüdischen Viertel in Jerusalem seine arabischen Freunde einladen würde (ich spreche nicht einmal über orthodoxe, sondern über säkulare Wohngegenden) – wie sähen wohl die Reaktionen dort aus?

Was schon ein kleines Licht vermag
Wir müssen die Liebe Jesu verkündigen, welche die Dunkelheit vertreibt. Wenig Licht vertreibt schon viel Finsternis. Auch wenn wir ganz wenige sind, die sich von beiden Seiten zusammentun, vertreiben wir schon viele dunkle Wolken des Hasses – vorausgesetzt, dass wir es im Namen Jesu, im Glauben und in der Einheit tun. Es wird ein Beispiel sein, und um ein gutes Beispiel zu setzen, braucht es nicht viele. Anderseits sind wir von Vielen umgeben, die es mitbekommen und miterleben. Für die Wenigen, die es wagen, wird es mit Sicherheit ein großer Segen sein, sie werden Leben empfangen. Gleichzeitig brauchen wir solche Beispiele vor Ort, damit es auch alle andern sehen. Das ist das Ende der schönen Theorien und der Anfang des wahren Lebens.

Wenn wir mit Ungläubigen über Einheit sprechen, so fragen sie: «Gibt es so etwas überhaupt, und wo?» Deshalb muss jemand den Anfang machen. Und damit kommen die Dinge ins Rollen. Änderung zeichnet sich ab, wenn wir beginnen, es einfach zu tun. Wir müssen aber bereit sein, den Preis dafür zu bezahlen – ich komme immer wieder auf diesen gleichen Punkt zurück. Das fällt auch in den Bibeltexten über Propheten und Gottesmänner auf: Sie hatten Glauben, sie hatten Segen, wo immer sie hingingen. Aber immer mussten sie auch einen Preis bezahlen. Jeder Schritt in dieser Richtung kostet etwas. Sind wir bereit? Es ist sehr einfach: Wir wählen, wir beschließen. Die Wahrheit, was mich betrifft: Ich bin bereit zu bezahlen. Ich bin zwar herausgefordert, die angewiesenen Schritte zu gehen, aber im Grunde muss ich nur abwarten und zusehen, was der Herr tun wird. Ich weiß schon im Voraus: Er wird nur Gutes tun, auch wenn gewisse Schritte mir schwierig erscheinen. Das ist das Weizenkorn, das sterben muss. So sind die Wege Gottes.

Angst raubt gute Gelegenheiten und Mut schafft solche
Zu Beginn sieht es immer schwierig aus, aber zuletzt ist es ganz einfach. Jesus hat uns ermutigt mit dem Wort: «Mein Joch ist sanft,

und meine Last ist leicht.» Es ist also nicht schwer – nur denken wir halt oft, es sei schwer. Phantastisch ist die Entdeckung, zu erfahren und zu erleben, dass es nicht schwierig ist. Mein Wunsch geht dahin, dass mein Haus zu einem Ort der Begegnung wird und die Menschen vom Ort dahin kommen. Ich weiß noch nicht, wie das zustande kommen kann und wird. Auf der praktischen Seite gibt es noch manches tun, um zu diesem Ziel zu kommen, und immer lauern noch ein paar Ängste, die es zu vertreiben gilt. Um ein Beispiel zu nennen: Jachin sagte heute: «Bei unserem Fest wird Bruder Yisrael singen.» Das könnte inmitten dieser Nachbarschaft gefährlich werden. In mir stieg sofort die Befürchtung auf: Wenn plötzlich alle zu singen anfangen, kann es brenzlig werden. Ich möchte, dass der Herr mich von solchen Ängsten freimacht. Wenn ich sie überwinden kann, so macht es mir nichts aus, mit allen zusammen zu singen, mitten in der arabischen Nachbarschaft.

Ein anderes Beispiel reicht weiter in die Vergangenheit zurück: Als ich eines Tages bete – die Töchter waren noch klein – hörte ich draußen Lärm und Geschrei; man bedrohte mich wieder einmal. Ich kriegte es mit der Angst zu tun, denn meine Frau war auch im Haus. Ich begann laut zu beten: «Vater, im Namen Jesus, segne diejenigen, die mich hassen, und passe auf sie auf. Segne, die mir Böses tun wollen, und tue ihnen Gutes!» Meine Töchter fragten mich: «Vater, wieso tust du so etwas? Wie kannst du Leute segnen, die dich umbringen wollen?» – «Jesus hat uns das vorgelebt und lehrt uns, es auch zu tun. Ich muss jeweils auf den Herrn Jesus hören, um zu wissen, was ich in einer solchen Situation machen soll.» Dieses Erlebnis ist für mich unvergesslich, es hat mich sehr berührt. Es war mir sehr wichtig, dass schon die kleinen Töchter mein Verhalten als Jünger Jesu beobachten konnten, auch wenn sie nicht alles verstanden. Es ist eben der Weg, der uns den Frieden bringen wird. Gottes Wort ist das Wort der Wahrheit, auch in Momenten, wo es uns oder unsern Kindern unlogisch erscheint.

Die richtige Stellung zu den Juden
Ich kann hier nicht für alle reden, aber die Mehrheit der Christen erkennt Gottes Plan mit Israel nicht. Ich verstehe das nicht; viele behaupten ja, dass sie die Bibel lesen und ernst nehmen – und dennoch kommen sie mit Gottes Heilsplan für Israel nicht klar. Wie ist das nur möglich? Das Evangelium ist ja einfach geschrieben. Man muss nicht ein Studium absolvieren, um es zu verstehen. Es ist die Geschichte unseres Herrn Jesus. Er hat unter den ganz einfachen Leuten gelebt; zu ihnen fühlte er sich am meisten hingezogen, und er suchte sie überall auf.

Im Gleichnis vom guten Hirten in Johannes 10 sagt Jesus: «Ich habe andere Schafe, die nicht aus meinem Stall sind. Auch sie muss ich herführen, alle werden eins werden.» Was bedeutet es, dass er schon Schafe hat und noch andere Schafe haben wird? Die Antwort ist einfach: Jesus redet da über das Volk Gottes, sein Volk, Israel. Die sind seine Schafe – aber er tönt noch etwas anderes an: Unter den Nationen hat er auch Schafe. Die müssen künftig hinzukommen.
Im Gleichnis kommt die Hürde vor, wohin der Hirte am Abend die Schafe sammelt. Im übertragenen Sinn meint er damit den Leib Christi, vorrangig den messianischen Leib, die Gläubigen aus seinem Volk. Sie sollen aber durch die Gläubigen aus den Völkern ergänzt werden. Erst dann wird die Herde komplett sein. Gemeinsam werden sie eine Herde werden. Braucht es für eine so einfache Wahrheit ein Studium? Ich verstehe nicht, weshalb viele das nicht begreifen. Wollen sie es vielleicht nicht verstehen? Es geht also nicht nur darum, dass seine hauseigenen Schafe eins werden. Schon das stellt eine große Aufgabe dar – aber Jesus hat eine noch größere Berufung: Die Schafe aus den Nationen sollen herbeikommen zu etwas, was schon lange da war.

Keine Geschichte ist so anschaulich wie die der Ruth
Die Juden sind Gottes berufenes Volk. Ihm sollen sich die Völker anschließen. Das beste Beispiel ist die Art und Weise, wie sich die

Moabiterin Ruth buchstäblich an dieses Volk hängte: «Dein Volk ist mein Volk, dein Gott ist mein Gott. Wo du stirbst, da will ich auch sterben – und da sogar begraben sein!» Ihre jüdische Schwiegermutter Naomi sagte nicht etwa; «Du irrst dich, so wichtig sind wir nun auch wieder nicht ...» Ruth hatte begriffen, dass sie ein Teil des Volkes Israel werden konnte, Teil eines Volkes, das für seinen legendären Gott berühmt war. Also packte sie die Gelegenheit beim Schopf. Genau gleich sollen auch heute die Gläubigen aus den Nationen herbeikommen und sich in das Volk Gottes integrieren. Mit Gottes Volk meine ich nicht Israel als natürliches Volk oder als politische und kulturelle Nation, und ich meine auch nicht das Judentum als Religion. Nein, ich meine die Gemeinschaft der Juden, die an ihren Messias glauben. Eine ihrer Aufgaben ist es, die anderen Brüder, die aus dem Meer der Völker, zu umarmen, damit sie hereinkommen. Auf diese Weise werden sie zu einem Volk zusammenwachsen.

Ich finde dieses Bewusstsein unter den Christen aus den Nationen nur selten. Im Gegenteil, viele gehen soweit, dass sie das Volk Israel anprangern und sogar verwerfen. Sie tun so, als ob sie das neue Israel wären. Wenn sie Gläubige aus Israel in ihrer eigenen Gemeinde oder Kirche haben, so versuchen sie, solche messianischen Juden an ihre eigene Gemeinschaft anzupassen. In vielen Fällen sollen jene zu Christen nach westlichem Vorbild und mit westlichem Kirchenverständnis gemacht werden. Aber damit begehen sie einen Fehler und sind im Irrtum: In Wahrheit ist es gerade umgekehrt. Diese westlichen Christen sind nichts weiter als ein Zweig auf dem messianischen Ölbaum. Selbst wenn sie in erdrückender Mehrzahl sind, ändert sich an dieser Tatsache nichts.

Die Vorteile noch unerfüllter Verheißungen
Die Gemeinde unter der Leitung der Ben Chilkiahs unterscheidet sich von allen anderen Gemeinden, die ich kenne. Hier gibt es nämlich einen Preis zu bezahlen. Die Leiterschaft wie auch die Mitglieder der Gemeinde bezahlen den: Sie kommen an einem Ort zusammen,

wo alles am Willen Gottes hängt wie an einem unsichtbaren Faden. Denn wir haben keine Verfügungsgewalt über das Gemeindelokal; wir sind zu Gast bei einer Kirche. Wir haben allerdings den Glauben, dass uns Gott eines Tages dieses Gebäude schenken wird. Das ist aber Zukunftsmusik. So haben wir viele Freiheiten nicht, wie sie andere Gemeinden mit ihren eigenen Gebäuden haben. Zum Beispiel können wir unsere Gastfreundschaft noch nicht zeigen, so wie wir es gerne möchten. Für jeden Schritt müssen wir um Erlaubnis bitten – das sind unsere Gegebenheiten und Einschränkungen. Wir können uns dort noch nicht so recht entwickeln. Aber es ist dennoch ein Ort nach dem Willen Gottes. Alle Geschwister tragen die Vision mit, dass eines Tages in Erfüllung geht, was uns Gott verheißen hat, und wofür er uns schon ein Pfand gegeben hat. Jeder Tag bringt uns diesem Ziel einen Schritt näher. In unseren Herzen lebt die Hoffnung, dass wir die freie Verfügung und Nutzung dieses Gemeindehauses erlangen werden. Ähnlich waren doch Sara und Abraham mit Gott in einem Land unterwegs, das ihnen materiell noch nicht gehörte. Das hielt sie in ihrem Glauben fit.

Ungeachtet dieser Abhängigkeit von der Gastkirche können wir etwas sehr Positives sagen: Unsere Gemeinde ist die einzige messianische Gemeinde im Kern von Jerusalem. Wir sind also an einem sehr bedeutungsvollen Ort, überhaupt am wichtigsten Ort. Und das nicht nur, weil Jesus hier alles vollendet hat und von hier aus regieren wird. Der Ort ist auch deshalb so einmalig, weil genau hier Juden und Araber, die beiden Völker Abrahams, so eng beieinander leben. Hier können sie anfangen, auf der gemeinsamen Grundlage zu leben – Jesus Christus – und ihm gemeinsam zu dienen. Dies ist meine persönliche, aber auch unsere gemeinsame Vision. Hinter diesem Ziel stehen wir alle gemeinsam. Wir möchten noch mehr in diese Sicht hineinkommen, und es ist uns bewusst, dass diese Vision auch alle Gemeindegrenzen sprengt. Für Gott gibt es sowieso nur eine Gemeinde, seine Gemeinde, den Leib Christi. Darum ist dies mein Gebet: Gott, befreie uns von allem Eigenen.

Zeitungsinterview: Ein Araber möchte Israeli werden
In der Zeit, als ich im Suk arbeitete, kamen meine Freunde zu mir und sagten, jemand von der Zeitung müsse kommen und mit mir ein Interview zur Vision des Zusammenlebens mit den Juden machen. So geschah es dann auch: Eine Journalistin der großen Tageszeitung Ha'Aretz tauchte auf. Ich hatte auf dem Herzen, das israelische Bürgerrecht zu beantragen. Durch diese Journalistin gelangte schließlich mein voller Name samt einem Bild in die Zeitung, und zwar unter der Schlagzeile: «Ibrahim, ein Araber in Israel, möchte Israeli werden».

Zu Beginn des Interviews sagte sie mir: «Ich stelle Ihnen ein paar riskante Fragen; Sie müssen sie aber nicht beantworten.» Ich tat es trotzdem und sagte im Verlauf des Gesprächs: «Das Volk Israel ist das erwählte Volk, und das Land gehört Israel.» Auf die brisante Frage: «Glauben Sie, es sollte einen palästinensischen Staat geben?» antwortete ich: «Um der Wahrheit willen werde ich die Wahrheit sagen.» Sie betonte noch einmal: «Sie müssen nicht antworten.» Aber ich fuhr unverdrossen fort: «Aufgrund des Arguments für den Frieden kann es soweit kommen, dass in Israel eine kompromissbereite Regierung gewählt wird. Aufgrund des Friedensarguments wird diese noch mehr Land an die Palästinenser abtreten. In diesem Fall wird eine souveräne palästinensische Regierung zustande kommen. Aber sie wird nicht Bestand haben. Warum? Weil die Araber damit nicht zufrieden sein werden. Denn sie wollen ganz Israel in Besitz nehmen. Wenn diese Bestrebungen beginnen würden, müsste Israel wieder das ganze Land zurückerobern.»

Sie fragte: «Was ist die Lösung?» Ich sagte: «Es gibt nur eine Lösung: Israel braucht eine starke Regierung, die sagt: Gott hat uns dieses Land gegeben, es ist unser Land. Wir haben keinen andern Ort, wo wir hingehen können.» Die Journalistin fragte. «Und was ist dann mit den Arabern, die im Land leben?» Ich entgegnete: «Eine starke Regierung wird sagen: Wir lassen sie bei uns leben, gewähren ihnen volle Rechte, und sie sollen unter uns in Frieden leben, in einem ungeteilten Land.» – «Aber es gibt nun mal Leute, die den Palästinenserstaat wollen. Sie bestehen darauf, gegen Israel zu kämpfen.» Auch darauf hatte ich eine klare Antwort: «Werft sie nicht ins Gefängnis, sondern sammelt sie und bringt sie über die Grenze. So kann man die militanten Araber von den friedlichen Arabern trennen, die, welche einen eigenen Staat wollen, von denen, die bereit sind, sich mit einem Staat Israel zu arrangieren. Für diese Aussagen wollen mich die Terroristen umbringen.» – Ob der letzte Satz nur gesagt oder auch gedruckt wurde, bin ich mir nicht mehr sicher.

Sie fragte mich auch, wie sich die Situation weiterentwickeln würde. Ich musste gestehen: «Die Entwicklung kann ich nicht voraussagen, und eine Lösung für den jetzigen Zustand kenne ich nicht.» Sie zitierte einen religiösen Muslim von der Hamas, der gesagt haben soll: «Im Jahr 2020 ist Israel am Ende,» und den auch andere Muslime gern zitierten. «Das kann sein», erwiderte ich, «aber es wird zuletzt ein Königreich geben, wo Jeschua regieren wird – am Ende kommt sein Königreich.»

Das Interview wurde während längerer Zeit an der hebräischen Universität aufgelegt.

Teil III: Die Muslime und der Islam
Meine muslimischen Brüder

Liebe, die den Hass besiegt
Ich spreche heute mit Muslimen über das, was mich Jesus, der Herr, gelehrt hat. Ich folge ihm, ich bin sein Diener. Ich habe ein Verlangen nach meinen muslimischen Brüdern. Ich sage ihnen, dass ich den Koran gelesen und untersucht habe. Ich darf sagen: Mit Muslimen habe ich keine Probleme wegen ihrer Religion, auch nicht mit Arabern wegen ihrer Volkszugehörigkeit. Meine Eltern waren Muslime. Ich liebe sie alle mit der Liebe Jesu. Heute kann ich das; allerdings war es früher ganz anders: Mein Herz war schwarz und hart, auch gegen meinen Vater. Anderseits hatte ich nicht wirklich verstanden, was echte Liebe ist; und eine Liebe zwischen Mutter und Kind hatte ich gar nie erlebt. Aber dann veränderte sich das alles: Jesus gab mir seine Liebe. Alle, die mir Schwierigkeiten machten, sei es der Vater, die Mutter oder sonst jemand, liebe ich. Gottes Liebe hat auch den stärksten Hass besiegt, den ich in mir hatte, nämlich den Hass gegen die Juden. Jetzt kann ich sogar sagen: Ich gehöre auch zu den Juden. Sie sind ein Teil meiner Geschichte, ja ein Teil meiner selbst. In meinem Herzen findet sich für Hass kein Platz mehr. Ich habe das Herz von Jesus. So etwas ist nur durch die Liebe Jesu möglich.

Der Koran stellt die Wahrheit auf den Kopf
Vorweg will ich sagen, dass die Muslime Menschen sind. Und nicht nur das – sie sind meine Mitmenschen. Aber ich bin ganz gegen den Islam. Der Islam kommt vom Feind, dem Teufel.

Ich bin nicht gegen die Muslime, aber gegen den Islam. Um das zu verstehen, muss man den Schlüssel kennen, mit dem Gott mein Herz aufgetan hat: Es ist die Geschichte von Abraham und seinen beiden Söhnen. Als kleiner Junge verstand ich von diesen Zusammenhängen nichts. Der Sohn, den Gott von Abraham als Opfer verlangte, war Isaak und nicht Ismael. Der Islam hat diese beiden Söhne ausgetauscht und gleich auch noch den Ort ausgewechselt. Denn der Koran sagt, dass diese Geschichte sich in Mekka abspielte; hier habe Abraham seinen Sohn Ismael auf den Altar gelegt. Der Berg wird Dschebel Arafat genannt. Doch in Bibel lesen wir, dass es der Berg Moria war, der Hügel, auf dem heute die Altstadt von Jerusalem liegt.

Der Islam gibt dem Kreuz von Jesus einen völlig anderen Sinn. Im Koran finden wir eine Aussage dazu: Kurz vor der Gefangennahme Jesu durch die Juden und Römer habe Gott sein Angesicht genommen und es auf einen andern Menschen geklebt. Gemäß Mohammeds Erklärungen soll Jesus gesagt haben: «Welcher meiner Jünger nimmt mein Angesicht? Der wird in den Garten von Eden eingehen können.» Und die Geschichte nimmt eine noch erstaunlichere Wendung: Der Jünger, der Jesu Angesicht nahm, war Judas. Auf diese Weise gelingt es dem Koran, die Kreuzigung so darzustellen, dass sie ihren Sinn verliert. Es war gar nicht Jesus, der ans Kreuz ging, sondern Judas. Das bedeutet Betrug auf höchster Ebene – dadurch wird Gott zu einem Lügner und Betrüger. Jesus, der im Koran als Prophet gilt, ließ also jemand anderes für sich sterben, während alle Menschen glaubten, er sei so tapfer und heldenmütig gewesen. Zudem hätte eine Figur wie Judas natürlich niemals die Sünden der andern auf sich nehmen können, weil er selbst ein schlimmer Sünder war. Damit ist das Kreuz ohne Bedeutung, ohne Versöhnungskraft, nur noch eine Farce und das Manöver eines Feiglings, der einem andern das Paradies verspricht, weil er nicht grausam sterben will. Damit sagt der Koran eindeutig: Gott lügt. Wenn jemand anderes das Angesicht Jesu genommen haben soll, so ist dies ein böser Betrug. In der Bibel steht, dass der Betrüger und Vater aller Lügen der Teufel ist. Das wollen die Muslime nicht wahrhaben. Außerdem gibt es daraus eine höchst vorteilhafte Konsequenz für jeden, der auf unehrliche Weise im Leben vorwärtskommen will: Wenn Gott ein Betrüger ist, so dürfen wir auch betrügen. Überdies bringt der Koran damit zum Ausdruck, dass das Kreuz ein Zeichen der Schwäche sei und dass jemand, der schwach ist, kein wahrer Zeuge Gottes sein könne.

Der Islam sagt, er bringe den Frieden. Der Islam behauptet, dass er in Frieden kommt und geprägt ist vom Glauben an die Barmherzigkeit. Es gibt solche Ansätze im Koran, und das hat geschichtliche Gründe, die sich aus der ersten Lebensphase Mohammeds erklären: Als er noch wenig einflussreich war und keine eigene Armee besaß, sagte er über Christen und Juden Gutes, zum Beispiel dass sie Gott gehören und zuletzt ins Paradies kommen werden. Danach, als Mohammed nach Medina ging, konnte er viele Menschen um sich sammeln, wurde mächtig und stark und begann auch militärisch zu kämpfen. Schließlich hat er sogar gesiegt. Dies ist die zweite Phase seines Lebens, und damals begann er anders über Christen und Juden zu schreiben. Ein Beispiel: In Sure 9 lesen wir sinngemäß: Kämpft gegen die Schriftbesitzer, die nicht zum Islam gehören, die nicht an den Jüngsten Tag, nicht an Mohammed als Propheten Gottes und nicht an die Weisungen Mohammeds glauben. Bekämpft solche, die nicht Muslime sind, Christen wie Juden, bis sie euch Geld geben, um ihr Leben zu erhalten; so werden sie gedemütigt. – Alle Verse, die aussagen, Mohammed sei ein Freund der Christen und Juden, wurden später durch Gegenaussagen zunichtegemacht.

Der Koran spricht von Geistern (Dämonen), die zum Islam konvertierten. Als Mohammed den Koran vorlas, hörten einige Dämonen aufmerksam zu und erzählten den restlichen Dämonen, was im Koran steht. Auf diese Weise wurden alle Dämonen Muslime. Auf diese Weise hat der Koran die Türen aufgestoßen, dass sich die Dämonen zum Islam bekehren. Die Sure die «Al-Dschinn» genannt wird, spricht von den Dämonen, die jetzt Muslime sind. Das kann jeder lesen, der einen Koran besitzt. Die Verbindung zur Welt der Geister ist etwas vom Erschreckendsten, was ich beim Islam kennengelernt habe. Dazu gibt es im Alten Testament eine Geschichte, die uns als Warnung genügen sollte, die Geschichte von Saul und der Hexe von Endor. Saul, Israels erster König, erwies sich als schwach im Glauben. Er musste zum Kampf gegen Philister antreten, hatte aber seine gute Beziehung zu Gott durch Stolz und Ungehorsam eingebüßt. Am Vorabend der Schlacht, die er nicht überleben sollte, wollte er wissen, ob er siegen oder unterliegen würde, und ging zu der besagten Hexe nach Endor. Sie sollte für ihn den toten Propheten Samuel heraufbeschwören – und Samuel erschien tatsächlich. Gottes Gericht kam über Saul, auch weil er sich auf Hexerei und Totenbeschwörung eingelassen hatte. Jesus selbst hat uns vor solchen Mächten deutlich gewarnt. Wir wissen, dass die Dämonen nie Buße tun oder gar zu freundlichen Engeln werden.

Der Koran bezeugt, dass Jesus nicht der Sohn Gottes sei. Die Sure «Al-Dschinn» spricht von Dämonen, die in der übersinnlichen Welt zum Glauben und zur Einsicht gekommen sind, dass Jesus nicht der Sohn Gottes sei. Das klingt für Muslime sehr glaubwürdig, es beeindruckt, ja beängstigt die Menschen, denn diese Dämonen sind Zeugen und haben große Autorität. Niemand wagt, ihnen zu widersprechen. – Die Anschauungen des Islam sind aber nicht himmlisch, sondern sehr irdisch. Gott hat keinen Sohn, und er hat auch keinen Freund – nur eine Freundin: Der Koran sagt, Mirjam (Maria) sei Gottes Freundin gewesen, und so kam Jesus zur Welt. Demgegenüber sagt das Johannesevangelium, das Wort Gottes sei Fleisch geworden. Das Wort ist geistlich, nicht physisch.

Der Koran beschuldigt und enterbt die Juden. Gott hat das Land Kanaan den Juden als Erbe gegeben. Ja, das bestätigt auch der Koran. Doch dann kam alles anders: Wegen ihrer Sünden vermachte er ihr Land der Nation des Islam. Dessen Völkerschaften erhielten es anstelle der Juden. – Die Bibel sagt an vielen Stellen, Gott verändere seine Worte nicht, sondern stehe zu ihnen. Wenn Gott seine Worte nicht verändert, wie kann er das Land plötzlich einem anderen Volk geben? Dies ist eine der vielen Abänderungen, die sich im Koran finden.

Der Koran eignet sich die Mission Israels an und macht sie zu einem Schwert. Dieses «Muslime anstelle von Juden und Christen» zieht sich wie ein roter Faden durch den ganzen Koran: Gott hat Mohammed gesandt, den islamischen Glauben zu bringen, als ein Licht für die Heiden. Dieser Glaube steht über jedem anderen Glauben. Mohammed ist der unbestrittene Diener Gottes, und alle, die mit ihm glauben, haben unbestreitbar Recht. Diese Diener Gottes sind stark und hart, und so müssen sie zu allen Ungläubigen sein. Unter Muslimen müssen sie jedoch barmherzig sein. Barmherzig nur gegen sich selbst – und unbarmherzig gegen die Außenstehenden: Diese einseitige Barmherzigkeit ist in sich schon eine Lüge, denn Barmherzigkeit ist immer barmherzig. Um nur ein Beispiel zu nennen: Die Muslimbrüder sagen, sie wollen Fairness, sie seien gegen Antisemitismus und die ganze Welt stehe trotzdem gegen die Muslime. Doch auf dem Hintergrund des Gesagten ist dies eine Heuchelei. Denn die Muslime kennen keine Barmherzigkeit gegenüber der Welt, nur gegen ihresgleichen. So steht es im Koran.

Eine Münze mit zwei Seiten

Es kann immer ins Gegenteil umschlagen
Bis heute besteht die ständige Gefahr, dass der Islamgeist bei meinen muslimischen Freunden und Bekannten erwacht und dass sie mich dann verraten. Der Islam kann sein wahres Gesicht immer wieder zeigen. Dann ist es mit der Barmherzigkeit vorbei. Sie lieben mich und wir sind Freunde – und genau das ist der Islam – sie lieben mich, aber sie können mich auch töten. Es ist wie bei einer Münze, die immer zwei Seiten hat. Die eine Seite spricht von Freundschaft und gleichen Rechten. So ist man gut zu den Nachbarn, sogar voller Barmherzigkeit. Aber die Kehrseite ist der Krieg: Andere zu demütigen, Andersgläubige zu verachten und ihnen das Existenzrecht abzusprechen, bis sie Muslime werden. Deshalb können die Freunde von gestern dir morgen alles nehmen und dich sogar umbringen. Das Einzige, was einen Nichtmuslim in einer solchen Umgebung hundertprozentig schützen und ihm das Leben retten kann, ist seine Bereitschaft, Muslim zu werden.

Diese zwei Seiten wirst du bei Muslimen immer finden. Wie es im Leben von Mohammed war, so spiegelt es sich auch im Leben seiner Anhänger wider: Als Mohammed begann, öffentlich seine Lehre zu verbreiten, war er auf dem Friedensweg. Denn die Araber standen unter dem Druck der Stammesführer, sich diesem neuen Propheten nicht anzuschließen. Wer zu ihm hielt, musste anfänglich sogar mit Verfolgung rechnen. Nach diesem schwierigen Start zog Mohammed im Jahr 622 nach Medina. Jetzt verbesserte sich seine Situation deutlich. Hier waren viele Leute für seine Lehre empfänglich und glaubten an seinen Weg. In Medina wurden die Anhänger Mohammeds zu einem Machtfaktor. Sie entdeckten, dass sie ihre Lehre mit Gewalt durchsetzen konnten. Und das war genau der Zeitpunkt, wo sich der Islam stark veränderte: Krieg, Quälereien und Unterdrückung wurden legitime Mittel, mit denen sich der Islam weltweit ausbreiten konnte. So sollte die ganze Welt islamisiert werden.

Viele Muslime leben lieber in der Mekka-Zeit
Heute gibt es immer noch viele Muslime – wahrscheinlich ist es sogar die Mehrzahl – die in Frieden Seite an Seite mit andern Religionen leben möchten. Das entspricht der «Mekka-Zeit», dieser ersten Epoche des Islam. Daneben gibt es Leute, die schon ganz in die zweite Epoche eingetaucht sind, in die «Medina-Zeit». Es sind die Radikalen, und sie setzen auf Zwang, Unterdrücken und Unterwerfung. Wer diese Zusammenhänge nicht versteht, der fragt sich immer wieder: Wie kann es sein, dass Muslime einerseits mit einem friedliebenden Wesen beeindrucken – und anderseits von Muslimen so viel Bedrohung, Krieg und Terror ausgeht? Dass der Koran diese zwei Seiten in sich trägt, das kommt wie gesagt von seiner Entstehungsgeschichte her. Und es ist wirklich verwirrend für Außenstehende, zum Beispiel für die Christen im Westen, und generell für die ganze Welt. Selbst für viele Muslime ist die Doppelbödigkeit ihrer Religion verwirrend. So geschieht es immer wieder, dass Radikale als Erstes die gemäßigten Imame und ihre Anhänger umbringen, bevor sie dann Hand an die «Ungläubigen» legen. Dann verstehen viele Muslime ihre eigene Welt nicht mehr.

Derselbe Koran, der Barmherzigkeit lehrt, sagt ganz klar auch das andere: Man muss unter bestimmten Umständen und Voraussetzungen kämpferisch werden und dem Islam mit dem Schwert dienen. Ein Muslim, der Allah und seinem Propheten vertraut, akzeptiert folgerichtig, dass seine Religion diese zwei Seiten hat. Diese zweite, gewalttätige Seite des Islam hat einen Namen: Daesch. So werden Bewegungen bezeichnet, die die Anhänger des Islam radikalisieren. Muslime, bei denen der gesunde Menschenverstand und das Gewissen noch ordentlich funktionieren, sagen sich: Daesch ist gar nicht der Islam. Denn die Daesch ist viel zu radikal. Im Namen dieser Bewegung bringen Gotteskrieger ohne Barmherzigkeit Kinder und Mütter, Betagte und Schwache, Christen und Andersgläubige um, rauben Mädchen, vergewaltigen oder verheiraten sie, und sie tun im Namen Gottes auch andere schlechte Dinge. Das führt dazu, dass friedliche Muslime sich distanzieren: «So etwas ist nicht der Islam. Der Islam ist barmherzig.»

In solchen Diskussionen sage ich zu den Betreffenden, zu den Friedfertigen: «Schaut mal genauer hin, was Mohammed selbst mit den jüdischen Bevölkerungsgruppen getan hat. Alle Männer brachte er um, die Frauen und Kinder führte er gefangen weg. Die Frauen missbrauchten er und seine Leute wie Tiere; heute spricht man von Sexsklaven. Deren Kinder betrachteten sie nicht als ihre Kinder; die Kinder aus Vergewaltigungen nahmen sie nicht an, sondern verkauften sie zusammen mit andern erbeuteten Kindern auf dem Sklavenmarkt. Der Koran heißt dies für Mohammed und seine Gefolgsleute gut.» Aufgrund der Lebensgeschichte von Mohammed frage ich die Muslime: «Gibt es einen Unterschied zwischen der Daesch und dem Islam?» Ich will ihnen das wahre Gesicht des Islam vor Augen führen. Die Daesch tut wirklich, was im Koran steht. In allem kann sie sich auf den Koran abstützen. Ich sage ihnen: «Wenn der Islam wirklich so ist, was zieht ihr daraus für einen Schluss?» Da werden manche doch recht nachdenklich, denn das macht ihnen Angst.

Nachwort

Die Einfachheit des Glaubens – mein Bekenntnis
Um es mit einem Satz zu sagen: Ohne Jesus können wir nichts tun, ohne Wiedergeburt können wir im Glauben nicht wachsen. Falls wir diese einfachen Wahrheiten übersprungen haben, müssen wir zum Evangelium zurückkommen und die Fundamente des Glaubens empfangen. Das bezeuge ich vor Gläubigen und vor Menschen, die bloß sagen, sie seien gläubig, aber auch vor Muslimen. Ich bete, dass Gott ihnen den Schleier wegnimmt. Dies hoffe ich inständig für die Muslime. Ich liebe sie, denn die Araber sind mein Volk; ich bin einer von ihnen und ich stehe auch dazu. Sie dienen aber nicht dem lebendigen Gott, sondern dem Teufel, der die Wahrheit verdreht. Darum bin ich nicht mehr bereit, mit ihnen auch ihren Glauben zu teilen. Ich kann nicht anders als bei der Wahrheit zu bleiben. Die Wahrheit ist der Gott Israels, der Gott Abrahams, Isaaks und Jakobs. Das ist die Kurzfassung des Evangeliums.

Mein Gebet
Vater im Himmel, im Namen Jesu, unseres Herrn, bitten wir: Mache du jetzt selbst aus meinem Zeugnis, was dir gefällt. Ich bin wirklich sehr froh, dass ich alles, was mir die ganze Zeit am Herzen lag, nun erzählen konnte: Das Große, das du in meinem Leben getan hast – vom Tod zum Leben, von der Dunkelheit zum Licht, von der Sünde zu deiner Heiligkeit. Danke für die Möglichkeit, das alles ans Licht zu bringen. Ich gebe dir die Ehre dafür, dass du meine Anliegen auch aufs Herz meiner Brüder gelegt hast und sie bereit sind, mein Zeugnis vielen Menschen zugänglich zu machen. Vater, segne sie dafür. Dieses Buch soll zu deiner Ehre herauskommen, damit es seine Frucht bringt: Leben für andere! Im Namen des Hirten Jesus bitte ich, dass mein Zeugnis zur Einheit von Gläubigen führt.

Es ist meine besondere Bitte, dass du meinen muslimischen Brüdern Befreiung schenkst, Befreiung aus Flucht, Lüge und Tod und zum

Leben unseres Herrn, Jesus. «Ich bin der Weg, die Wahrheit und das Leben; niemand kommt zum Vater, als durch mich.» Herr, Jesus, du selbst hast das von dir gesagt. Ich bitte dich, dass diese Wahrheit unter den Arabern und den Muslimen offenbar wird. Du siehst die ganze Welle von Hass, die aus meinem Volk kommt: Ich bitte an ihrer Stelle um Vergebung für diesen Fehler, den sie machen: dass sie die Wahrheit nicht sehen wollen. Auf meinem Herzen liegt ein großer Wunsch für uns Araber: Wir sollen in deinen Plan hineinkommen und ein Schild für dein Volk Israel werden, weil es dein Volk ist. Lieber himmlischer Vater, ich bitte auch besonders für die Juden, dass du ihnen den Schleier von den Augen entfernst. Ohne dich, Jesus, haben sie noch kein wirkliches Leben, doch du bist ihr König, du bist ihr Herr. Sie suchen dich, wissen aber nicht, wie sie zu dir kommen können. Offenbare dich ihnen. Du hast einen guten Plan und ein wunderbares Ziel für sie. Und wir glauben, dass du alle deine Ziele erreichst. Du wirst sie segnen, und durch sie wird der Segen in die ganze Welt hinausgehen. Der Segen Israels bringt Hoffnung für alle andern Nationen. Auch wenn Israel viel gesündigt hat, hast du sie nicht verworfen. Du hältst ihnen die Türen offen, und mit den offenen Türen sind auch die andern Nationen gemeint.

Ich segne alle, die mit diesem Buch zu tun haben, damit es zu solchen Menschen kommt, die eine Offenbarung von dir brauchen. Du siehst alles und weißt alles; wir verlassen uns durch deinen Heiligen Geist auf dich, dass du jedem Menschen Gutes tust.

Wir danken Dir, Herr, im Namen Jeschua ha-Maschiach.

Amen

Boaz Ben Chilkiahs Gebet
Vater, wir bitten, dass du viele Augen öffnen wirst, damit die Menschen verstehen, was DU tun willst. Lass dieses Zeugnis von Ibrahim sich ausbreiten. Es soll ein Vorbild und Muster für Einheit und Liebe werden, es soll Mauern des Hasses niederreißen und Zäune der Angst, die uns trennen. Du machst alles neu, wir sind deine neue Schöpfung.

Jeschua, wir bitten um den Schutz deines Blutes, denn der Feind will nicht, dass dieses Zeugnis gelesen, gehört und verbreitet wird. Es soll ein Türöffner-Buch werden. Ibrahim hat viele wichtige Wahrheiten darin bezeugt und seine Sünden und seinen Glaubensweg vor allen offengelegt.